浙江省高职院校"十四五"重点立项建设教材

国家级职业教育创新创业教育教学资源库配套教材

高等职业教育创新创业系列教材

# 创新创业教育：专创融合教育与实践


主　编　曲海洲　徐莉君

副主编　黄煜栋　汪　晟　郭　胜　钱明红　徐洪利

参　编　刘永胜　顾　雷　张　羽　朱永文　陈晓光

吕正辉　徐　洁　周　倩




机械工业出版社

CHINA MACHINE PRESS

本书作为浙江省高职院校“十四五”重点立项建设教材、国家级职业教育创新创业教育教学资源库配套教材，结合高职教育专业特点，进行专创融合教育与实践探索。全书共四章，第一章“创新思维和能力”，分别从科技创新、商业创新、文化创新三个方向激发不同专业学生的创新意识、养成创新思维、培养创新能力。第二章“创业准备”，介绍了商业模式、创业计划书、创业者与创业团队。第三章“创业实践”，介绍了初创企业的建立、运营管理、成长与发展。第四章“创新创业类赛事和商业游戏沙盘”，介绍了主要的创新创业类赛事和商业游戏沙盘。

本书配有微课视频，读者扫描书中二维码即可观看。

本书配有电子课件，凡使用本书作为教材的教师可登录机械工业出版社教育服务网 www.cmpedu.com 下载。咨询电话：010-88379375。

**图书在版编目（CIP）数据**

创新创业教育：专创融合教育与实践 / 曲海洲，徐莉君主编. — 北京：机械工业出版社，2022.3（2025.1重印）
高等职业教育创新创业系列教材
ISBN 978-7-111-70241-2

Ⅰ. ①创… Ⅱ. ①曲… ②徐… Ⅲ. ①大学生—创业—高等职业教育—教材 Ⅳ. ①G717.38

中国版本图书馆CIP数据核字（2022）第035076号

机械工业出版社（北京市百万庄大街22号 邮政编码100037）
策划编辑：杨晓昱　　责任编辑：杨晓昱
责任校对：李 伟 张 薇　　封面设计：马精明
责任印制：任维东
北京中兴印刷有限公司印刷

2025年1月第1版第6次印刷
180mm × 254mm · 10印张 · 173千字
标准书号：ISBN 978-7-111-70241-2
定价：36.00元

电话服务
客服电话：010-88361066
010-88379833
010-68326294

网络服务
机 工 官 网：www.cmpbook.com
机 工 官 博：weibo.com/cmp1952
金 书 网：www.golden-book.com
机工教育服务网：www.cmpedu.com

# 序

职业教育作为一种类型教育，为我国经济社会发展提供了有力的人才和智力支撑，随着产业升级和经济结构调整不断加快，各行各业对技术技能人才的需求越来越紧迫。优化学校专业布局，深化办学体制改革和育人机制改革，以创业促进就业，以创业带动就业，着力培养高素质劳动者和技术技能人才尤为重要。

创新创业教育旨在启蒙学生的创新意识和创业精神，使学生了解创新型人才的素质要求，了解创业的概念、要素与特征等，使学生掌握开展创业活动所需要的基本知识。把专业教育与创新创业教育融合起来，可有效地推动“高素质技术技能人才”培养目标的实现。基于此，本书专注于专业学习与创新创业教育的融合，顺应新时代双创教育的需求，承载着丰富的理论和实践意义，适合高等职业院校学生使用。

人民教育家陶行知先生于 1928 年亲自指导创办的浙江湘湖师范学校是杭州科技职业技术学院的重要办学渊源，学校十余年来传承陶行知先生的生活教育思想，紧紧围绕高素质技术技能人才培养的育人定位，构建起“职业能力与职业素养并重、基础理论与技术技能并重、校内教学与校外实践并重、第一课堂与第二课堂并重”的“四并重”人才培养体系。从陶行知先生倡导的“生利主义”和“创造教育”出发，积极探索以创新创业和专业教学相融合的人才培养的教学实践，并形成了“手脑双挥，匠心致远”的学风。

杭州科技职业技术学院于 2015 年正式建立“行知创业学院”，进行创新创业教育改革。学校从科技创新、商业创新、文化创新三个方向，结合不同层次、不同专业学生，开展专创融合教育与实践，进行行业创业实践，形成双创教育

“三横三纵三融合”人才培养体系。本书将每个单元设置为“行以致知”“案例导入”“知识探索”“格物致知”四个模块，以“实践—知识—实践”的方式进行递进式教学，同时将思政元素纳入课程，开展课程思政，实现全面育人成效。

国务院办公厅出台了《关于进一步支持大学生创新创业的指导意见》（国办发〔2021〕35号），对大学生创新创业教育提出新的希望，对创新创业教育的环境、平台和政策等提出新的要求。希望通过本书的梳理和编写，为高职院校双创教育提供一个样本，能够让学生通过个人专业进行岗位创新、技能拓展，甚至创办自己的企业，并为实现这一目标做好充分的学业准备与能力准备。相信本书的出版，将能提升学生的职业技能水平和创新创业能力，更好地服务于高等职业院校学生的职业发展。

杭州科技职业技术学院党委书记　谢列卫

# 前 言

根据党的二十大报告中提出的“加快实施创新驱动发展战略”的要求，杭州科技职业技术学院以习近平新时代中国特色社会主义思想为指导，深入贯彻党的教育方针，落实立德树人根本任务，践行我国伟大教育家陶行知先生的“生活即教育、社会即学校、教学做合一”教育理念，坚持创新引领创业、创业带动就业，支持在校大学生提升创新创业能力，支持高校毕业生创业就业，提升人力资源素质，促进大学生全面发展，实现大学生高质量充分就业。

为了更好地落实《国务院办公厅关于进一步支持大学生创新创业的指导意见》(国办发〔2021〕35号)、《国家职业教育改革实施方案》(国发〔2019〕4号)的精神，推进高等职业院校双创教育的改革，满足大众创业、万众创新的时代对创新创业人才的需求，杭州科技职业技术学院开设了“创新创业指导”公共基础课程，课程针对不同专业的学生采取不同方向的专创融合教育和实践。从2016年起，经过多年的教学探索与实践检验，充分证明专业教育与创新创业融合有助于培养具有创新创业精神、符合人力资源市场需求的高素质技术技能型人才。在此基础上，杭州科技职业技术学院双创教育团队编写了本书。

本书作为国家级职业教育创新创业教育教学资源库配套教材，结合高职教育专业特点，进行专创融合教育与实践探索。全书共四章，第一章“创新思维和能力”分别从科技创新、商业创新、文化创新三个方向激发不同专业学生的创新意识、养成创新思维、培养创新能力。第二章“创业准备”，包含商业模式、创业计划书、创业者与创业团队，帮助学生了解创业的一般步骤和需要准备的材料。第三章“创业实践”以初创企业的建立、运营管理、成长与发展为主要内容，让学生了解初创企业的特征，以及如何运营和管理初创企业。第四章“创新创业类赛事和商业游戏沙盘”，通过介绍创新创业类赛事和商业游戏沙盘，帮助学生寻找适合自己的创新创业平台，开展实操，促进学生进行自我创新探索，实现创新创业教育的培养目标。

本书每个知识点都分为“行以致知、案例导入、知识探索、格物致知”四个模块，用活动营造课堂氛围，引入知识点，引起学生思考，采用创业者典型案例和高职学生创业案例，激发学生进一步探索，案例通俗易懂，深入浅出，接近学生生活实际，引导师生进行专创融合教育教学和实践，具有显著的专创教育特色。本书还结合课程思政建设要求，将课程与思想教育紧密联系，强化课程育人功能，提升课程育人实效。

本书编写过程中，参考了一些专家学者的前沿理论和研究成果，引用了创业者的典型案例，在此向他们表示衷心的感谢。由于水平有限，书中难免有疏漏和不妥之处，敬请读者、同行、专家批评指正。

编　者

# 微课视频二维码清单

| 微课 | 二维码 | 微课 | 二维码 |
|---|---|---|---|
| 1–1 科创世界 | | 1–9 如何培养商创意识 | |
| 1–2 案例：张小龙的科技创新之路 | | 1–10 有商创意识一定就会创业吗 | |
| 1–3 科创意识的构建 | | 1–11 整合创业资源 | |
| 1–4 科创意识及其特征 | | 1–12 认识文创 | |
| 1–5 科创意识形成的方法 | | 1–13 认识文化 | |
| 1–6 案例：宠物空调专利的诞生记 | | 1–14 文创能力培养 | |
| 1–7 科创思维的培养：和田十二法 | | 1–15 用文化创造价值 | |
| 1–8 科创能力的培养 | | 2–1 商业模式 | |

（续）

| 微课 | 二维码 | 微课 | 二维码 |
| --- | --- | --- | --- |
| 2–2 创业计划书 | | 3–4 初创企业的运营管理 | |
| 2–3 组建创业团队 | | 3–5 初创企业的成长规律 | |
| 2–4 创业团队的成长 | | 3–6 初创企业的人力资源管理 | |
| 3–1 创业企业的类型 | | 3–7 初创企业的财务管理 | |
| 3–2 创建企业的流程 | | 3–8 初创企业的发展 | |
| 3–3 创建企业的途径 | | | |

# 目录
Contents

01

CHAPTER ONE

# 第一章 创新思维和能力

## 第一节 认识科技，走进创新

**以科技创新和数字化变革催生新的发展动能。**

——习近平 二十国集团领导人第十五次峰会第一阶段会议上的讲话

人们习惯于把科学和技术连在一起，统称为科学技术，简称科技。实际二者既有密切联系，又有重要区别。科学解决理论问题，技术解决实际问题。科学要解决的问题是发现自然界中确凿的事实与现象之间的关系，并建立理论把事实与现象联系起来；技术的任务则是把科学的成果应用到实际问题中去。科学主要是和未知的领域打交道，其进展，尤其是重大的突破，是难以预料的；技术是在相成熟的领域内工作，可以做比较准确的规划。

2019 年 7 月，教育部发布了《国家级大学生创新创业训练计划管理办法》，对“国家级大学生创新创业训练计划”的主管部门职责和项目运行流程进行了系统梳理。培养大学生技术创新意识是提高科技创新和技术成果转化能力的有效途径。

科创，全称为科技创新，是原创性科学研究和技术创新的总称，是指创造和应用新知识、新技术、新工艺，采用新的生产方式和经营管理模式，开发新产品，提高产品质量，提供新服务的过程。科技创新可以分成三种类型：知识创新、技术创新和现代科技引领的管理创新，如图 1-1 所示。

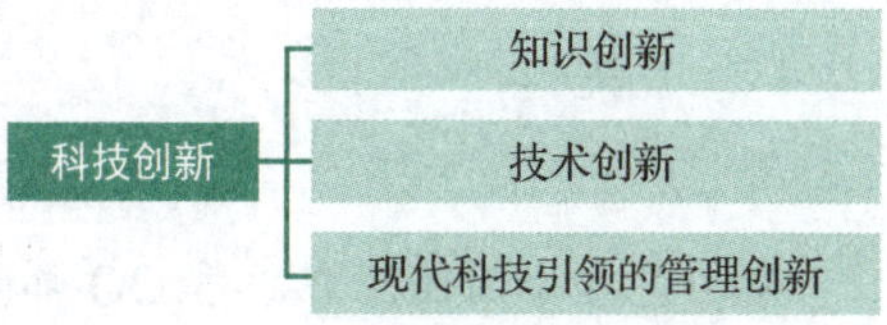


图 1-1 科技创新的三种类型

那么创新是什么？创新一般是指：以现有的知识和物质，在特定的环境中，改进或创造新的事物（包括但不限于各种方法、元素、路径、环境等），并能获得一定有益效果的行为。

原创性的科学研究或知识创新是提出新观点（包括新概念、新思想、新理论、新方法、新发现和新假设）的科学研究活动，并涵盖开辟新的研究领域、以新的视角来重新认识已知事物等。原创性的知识创新与技术创新结合在一起，使人类知识系统不断丰富和完善，认识能力不断提高，产品不断更新。现代科技引领的管理创新作为信息时代和知识社会科技创新的主题，是当今科技创新的重要组成部分，也是新知识、新工艺的一部分，它自身也是电子信息或新概念、新思想、新理论、新方法、新发现和新假设的集成。

科技创新涉及政府、企业、科研院所、高等院校、国际组织、中介服务机构、社会公众等多个主体，包括人才、资金、科技基础、知识产权、制度建设、创新氛围等多个要素，是各创新主体、创新要素交互复杂作用下的一种复杂涌现现象，是一类开放的复杂巨系统。

## 一、科技创新意识的形成

### （一）行以致知

1. 活动主题：圆形大挑战。
2. 活动目的：能够激发学生的创新兴趣，形成他们自己特有的创新意识。
3. 活动形式：学生个人独立完成。
4. 活动时间：10~15 分钟。
5. 活动准备：每人 1 张 A4 白纸、1 支水笔。
6. 活动步骤：

1）请每位学生，在规定时间内，尽可能地把圆形转化为其他的事物，如：圆形 → 笑脸。

2）时间结束后，统计转化图形的个数。

3）请转化数量最多的两位同学上台说出他们的思维方式。

### （二）案例导入

**张小龙的科技创新之路**

张小龙和他的团队在接手 QQ 邮箱之初，由于一味模仿 MSN 和 Gmail，加之沿用此前的客户端思维，新一代 QQ 邮箱犹如 Web 上的“拖拉机”，笨重无比，速度超慢，被网友骂为“又烂又差”。张小龙痛定思痛，决定转变思路。他将快速、简洁确定为产品核心，带领团队将QQ邮箱的内核全部推倒重写，并要求所有的人踏踏实实地研究用户需求。

很快，他们找到了一个切入点：当时，大部分邮箱发送不了超大附件。针对这一现象，张小龙将QQ邮箱升级到支持2G超大附件的发送。这一改变彻底激活了大量休眠账户，QQ邮箱的用户量开始快速攀升。2008年，QQ邮箱重获新生，荣膺腾讯公司七星级产品。

2010年9月，张小龙团队的QQ漂流瓶（见图1–2）正式上线。在这款应用软件中，张小龙捕捉到大多数人内心深处的孤独感，采用与陌生人交友这一方式来迎合大众的需求。这款应用软件获得了空前成功，漂流瓶每天的发送量很快达令人吃惊的1亿次。漂流瓶的成功给了张小龙很多启示，之前他关注的是技术，之后，人性需求成了其产品的新核心。

图1–2　漂流瓶应用界面

2011年1月21日，微信1.0上线。打开应用程序，映入眼帘的是一幅深邃的画面：一个小人孤零零地站在庞大的蓝色星球外，眺望着远方的家园。张小龙希望用这幅画传递开发微信的用意：人很孤独，需要沟通。

**思考：**张小龙是如何形成他特有的创新意识的？

## （三）知识探索

### 1. 科技创新意识及其特征

科技创新意识是指人们根据社会和个体生活发展的需要，通过运用新技术知识、新科学方法、新生产工艺等引起创造前所未有的事物或观念的动机，并在创造活动中表现出的意向、愿望和设想。它是人类创新意识活动中的一种基于科技力量的表现形式。

科技创新意识的特征主要有以下几个方面。

（1）集体性

科技研发人员、专业技术人员等各个主体在科技创新中的地位和作用是不同的，如专业技术人员可能更多的是执行创新活动，科技研发人员则是创新的核心主体，因此，不同主体的科技创新意识的强度是不同的。

（2）目的性

科技创新主体对科技创新的认知具有明确的指向性，带有很强的主观倾向和主观要求，即相关主体对科技创新的认知的目的在于满足社会对科技创新的需求，实现知识创造和技术开发，进而满足社会和创新者个体的某种需要。

（3）能动创造性

科技创新主体通过对科技创新活动过程和结果的概念、判断和推理，进而指导自己做出或不做出一定的科技创新行为、在多大程度上做出科技创新行为、怎么做出科技创新行为。

### 2. 科技创新意识的构建原则

科技创新意识构建的原则有以下三个方面。

（1）主题明确、有的放矢

在开始创新之前，必须要明确主题，而创新的主题主要来自我们平时的学习、生活、工作。主题针对服务对象，围绕需求进行创新；同时还需要确定目标范围，以免出现创新偏离。

（2）以量取胜、循序渐进

首先需要追求较多的创新的思路与想法，其次要关注其质量问题。大量的创新创意是解决问题的前提，数量越多，解决问题的可能性就越大。对每个创新思路都进行思考，容忍一切想法，甚至可以是一些不切实际的想法，少做决断，多做分析。

（3）以图为主、以文为辅

在描述创新想法的过程中，多用图片的形式，少用文字的描述，即便是手绘的比较潦草的一张图，也好过数百字的文字描写。

创新想法总是会随时随地地产生。研究发现，当人们进入某种环境，产生某种情绪，或者处于某种心理状态时，创新的思维会非常的活跃，创新想法产生的数量会加速增加，其质量也会有明显的提升。因此，营造一个好的物理环境，设定一个适合创新的心理环境，以及有一个良好的心理准备是很有必要的，这样我们才能充分地发挥自身的潜能，调动自己的创新意识。

3. 科技创新意识形成的方法

（1）信息交叉法

也可以称其为信息交合法，由华夏研究院思维技能研究所所长许国泰教授于 1983 年首创。这是一种信息交叉创新的思维方式，也就是把事物的全部信息进行分解，分成若干个元素，这些元素的属性可以是形状、颜色、功能、材质等，然后再列举人们生活中的一些与实践活动相关的元素，将它们分别标记在直角坐标系中，当每个轴点上的信息相交叉的时候，新的创新意识就出现了。

（2）SCAMPER 策略

SCAMPER 策略是由美国教育管理者罗伯特·艾伯尔（Robert F. Eberle）于 1971 年提出的一种综合性思维策略。SCAMPER 策略通过七种提问的方法，启发大家获得新的创意，其所依循的理论基础为：每一个新的改变都来自对已有东西的改良。

1）S（Substituted）——替代。何物可被“替代”？

2）C（Combined）——结合。可与何物“结合”而成为一体？

3）A（Adapt）——适应。是否能“适应”“调整”？

4）M（Modify）——修改。可否修改原物的某些特质如意义、颜色、声音、形式等？

5）P（Put to other uses）——改变用途。可有其他非传统的用途？

6）E（Eliminate）——消除。哪些功能是可以“消除”的？可否浓缩、精致？

7）R（Rearrange）——重构。是否可以重构产品的各个要素？

### （四）格物致知

**宠物空调专利诞生记**

某高职院校2019届应用电子技术专业学生陶同学、2018届计算机应用技术专业学生李同学，于2018年5月成功申报完成《一种新型智能宠物空调设计》（ZL2018876373.23）。他们通过对智能除湿器设备的改良，利用其中的帕尔贴效应，将其中的制冷、制热模块进行改进，与指导教师一起设计完成了一种新型智能宠物空调设计，如图1–3所示。

图1–3　新型智能宠物空调外观

该想法来源于学生平时生活中的实际需求，每次为了家里的宠物能得到“关照”，即便家里没人，也会将空调打开，为宠物营造一个舒适的环境，但这样做不仅浪费能源，也存在安全隐患。他们通过在课堂上对智能除湿器设备的学习，掌握了小范围制冷、制热的功能原理，然后对这种应用进行改良，并最终利用其中的帕尔贴效应，研发了小范围制冷的宠物空调。

**思考：** 1. 结合自己生活和学习的经历，思考有哪些地方可以进行创新。
2. 结合专业课程，你可以形成哪些基于专业知识的创新想法？

## 二、科技创新思维的养成

### （一）行以致知

1. 活动主题：学习以下材料，讨论现实生活中有没有类似的创新例子。

### 免扣带的发明

1948 年秋天，瑞士人马斯楚跟朋友们一道去登山，坐在草地上吃午餐时，他发现自己和朋友的裤子上都沾了好多鬼针草，但大家都没有在意。马斯楚到家后，就将残留在裤子上的鬼针草取出用放大镜仔细观察。他有了新的发现：鬼针草上有很多刺！“它是不是可以代替纽扣和别针呢？”他顺着这种思路尝试着做了许多钩状的东西，半年后终于研制成功方便扣布：用一块布织成很多钩子，另一块织出很多圆球——这两种布合起来，钩子就钩上圆球，产生拉链的效果。他将此发明命名为“免扣带”，并申请了专利，然后找织布公司合作制造。因为这种“免扣带”可以广泛用于裙子、内衣、被罩等，所以当它为人们接受后，销售量相当惊人，几年后，马斯楚所得权利金净利已超出 3 亿美金。

2. 活动目的：培养学生的观察力和科技创新思维。

3. 活动形式：采用随机的方式进行分组，每组 4~6 个人为宜。

4. 活动时间：10 分钟。

5. 活动准备：每人 1 张 A4 白纸、1 支水笔。

6. 活动步骤：

1）以小组为单位讨论，我们日常用品中有没有类似的例子，举例说明。

2）小组派代表发言，教师做总结。

## （二）案例导入

### 建立智能网联汽车创新体系

2020 年 9 月，北京市以北京经济技术开发区为核心，正式启动建设全球首个网联云控式高级别自动驾驶示范区。截至 2022 年 3 月，在北京经开区 60 平方公里范围内，已经实现 332 个数字化智能路口基础设施全覆盖，为高级别自动驾驶测试车辆和网联化量产车辆提供车路云一体化技术研发与功能验证场景。

北京经开区自动驾驶示范区走出了一条具有中国特色的智能网联汽车车路云一体化融合之路。中国工程院院士、国家智能网联汽车创新中心首席科学家、清华大学车辆与运载学院李克强教授和他的团队，是这一方案的设计者和推动者。

在智能网联汽车科研创新方面，李克强院士认为，车辆工程学科的科研模式，特别是在智能网联汽车技术变革时期，宜采用“理论—技术—产品”三位一体科技创新模式。其团队在智能网联汽车科研方面，主要开展智能网联汽车系统动态设计与控制方面的理论和关键技术研究，在复杂系统动力学、智能决策与控制方向的理论研究和技术突破方面取得了一系列成果；同时支持毕业的学生出去创业，他们已经先后建立了苏州智华、北京智行者、清智科技等在行业里具有影响力的高科技公司，这些企业也反过来支持着在校团队的人才培养和科研发展。

车路云融合的智能网联汽车是突破国外单车智能瓶颈的全新发展路径，是智能网联汽车发展的中国方案。但该技术路线存在复杂系统架构设计难度大、云端和车端核心软硬件平台缺失、车辆广域协同性能差等难题。

针对这些难题，李克强教授和他的团队提出了构建车路云融合的智能网联驾驶系统，攻克车路云耦合系统动态设计关键技术，研制了云支持的汽车行驶控制和交通信号控制装置，并在国际上率先实现产业化工程应用，为中国方案的智能网联汽车技术突破作出了自己应有的贡献。

**思考：** 你认为日常的所思所想对科技创新思维的养成有何作用？

## （三）知识探索

### 1. 科技创新思维的含义和特征

（1）科技创新思维的含义

创新思维是人类思维的精华，是创新能力的核心，是人们从事创新活动必须具备的最重要、最基本的心理素质。创新思维在创新活动中占有极其重要的地位。可以说一切创新成果都是创新思维的硕果。简单来说，创新思维是以新的方式解决问题的思维活动，是创新活动中的思维活动。

科技创新思维，主要指对科学技术领域的发明创造，或者在现有的科学技术的基础上进行技术改进和更新的一种思考方式。科技创新思维要讲求缜密性和前瞻性，还要借助于一些科学的思维模式。掌握一些行之有效的创新思维模式，可以使我们找准研究的方向，在面对科研难题时设法寻求解决之道，最大限度地发挥自己的优势，扬长避短，取得科学研究的优异成果。

（2）科技创新思维的特征

科技创新思维除了具有一般思维活动的特征外，还具有以下特征。

1）独创性

科技创新思维贵在创新，它或者体现在思路的选择上，或者体现在思考的技巧上，或者体现在思维的结论上，一般都具有“前无古人”的独到之处，具有一定范围内的首创性、开拓性。

2）灵活性

灵活性是科技创新思维主体进行思维活动的基本要求。科技创新思维无现成的思维方法和程序可循，思维的方式、方法、程序、途径等都没有固定框架，这反映了思维活动的多样性和变异性。

3）潜在性

科技创新思维活动从现实的活动和客体出发，但它的指向不是现存的客体，而是一个潜在的、尚未被认识和实践的对象。

4）风险性

由于科技创新思维活动是一种探索未知的活动，因此要受多种因素的限制和影响，例如事物发展及其本质暴露的程度、实践的条件与水平、认识的水平与能力等，这就决定了科技创新思维并不能每次都能取得成功，甚至有可能是毫无成效的，或者会导致做出错误的结论。

### 2. 科技创新思维的方法

#### （1）和田十二法

和田十二法是我国学者许立言、张福奎在奥斯本检核表法的基础上，借用其基本原理加以创造而提出的一种思维技法。简单的 12 个字“加”“减”“扩”“缩”“变”“改”“联”“代”“搬”“反”“定”“学”，概括了解决发明问题的 12 条思路。如果按这 12 个字的角度进行核对和思考，就能从中得到启发，激发人们的创造性设想。这些技法更通俗易懂，便于推广。

所谓“和田十二法”，即指人们在观察、认识一个事物时，可以考虑是否可以进行以下操作（见表 1–1）。

表 1–1　和田十二法

| 类别 | 内容 |
|---|---|
| 加一加 | 加高、加厚、加宽、加长和组合等 |
| 减一减 | 缩短、降低、减少、减轻、变窄、减薄一点等 |
| 扩一扩 | 扩大、放大和提高功效等 |
| 缩一缩 | 体积缩小一点，长度缩短一点，是不是能开发出新的物品 |
| 变一变 | 改变形状、尺寸、滋味、颜色等 |
| 改一改 | 从事物的缺点和不足入手，提出有效的改进措施，促进发明和创新 |
| 联一联 | 探讨某一事物和其他哪些事物有联系，原因和结果有何联系 |

（续）

| 类别 | 内容 |
| --- | --- |
| 代一代 | 利用其他的事物或方法来代替现有的事物或方法 |
| 搬一搬 | 将原事物或原设想、技术移至别处，使之产生新的事物、新的设想和新的技术 |
| 反一反 | 将某一事物的性质、形态、功能及其里外、横竖、正反、上下、左右、前后等加以颠倒，从而产生新的事物 |
| 定一定 | 制定一个界限、标准，能提高工作效率 |
| 学一学 | 学习或者模仿其他物品的形状、结构、动作等，以求创新 |

（2）逆向思维法

逆向思维法是指从事物的反面去思考问题的思维方法。这种方法常常使问题得以创造性地解决。例如印度有一家电影院，常有戴帽子的妇女去看电影，帽子挡住了后面观众的视线，大家请电影院经理发个场内禁止戴帽子的通告。经理摇摇头说："这不太妥当，只有允许她们戴帽子才行。"大家听了，不知何意，感到很失望。第二天，影片放映之前，经理在银幕上映出了一则通告："本院为了照顾衰老有病的女观众，可允许她们照常戴帽子，在放映电影时不必摘下。"通告一出，所有女观众都摘下了帽子。

逆向思维法有以下几种类型。

1）反转型逆向思维法

这种方法是指从已知事物的相反方向进行思考，产生发明构思的途径。"事物的相反方向"常常从事物的功能、结构、因果关系三个方面出发做反向思维。

比如，市场上出售的无烟煎鱼锅就是把原有煎鱼锅的热源由锅的下面安装到锅的上面。这是利用逆向思维，对结构进行反转型思考的产物。

2）转换型逆向思维法

这是指在研究问题时，由于解决这一问题的手段受阻，而转换成另一种手段，或转换思考角度思考，以使问题顺利解决的思维方法。

例如历史上被传为佳话的司马光砸缸救落水儿童的故事，实质上就是一个用转换型逆向思维法的例子。由于司马光不能通过爬进缸中救人这个手段解决问题，他就转换为另一手段，破缸救人，进而顺利地解决了问题。

3）缺点逆向思维法

这是一种利用事物的缺点，将缺点变为可利用的东西，化被动为主动，化不利为有利的思维发明方法。这种方法并不以克服事物的缺点为目的，相反，它是将缺点化弊为利，找到解决方法。

例如金属腐蚀是一种坏事，但人们利用金属腐蚀原理进行金属粉末的生产，或进行电镀等其他用途，无疑是缺点逆用思维法的一种应用。

### （四）格物致知

**创新源于生活，创新改变生活**

某高职院校2015级机械设计及自动化专业学生，非常喜欢机械行业，喜欢自己做一些机械设备。2013年，由于家中奶奶腿脚不便，促使他萌发了要做个轮椅护理床的想法。正好浙江省有一个机械设计大赛，于是他提出想法，也很快落实了想法，利用和田十二法优化了自己的产品，使其产品拥有9大功能：床的功能、轮椅的功能、代步车的功能、屈腿下肢锻炼的功能、便盆升降的功能、臀部自动冲洗的功能、臀部自动吹干的功能、床身加宽的功能、防褥疮、锻炼手臂的功能。其中几项技术申请了专利，并在“大众创业，万众创新”的号召下，有了自己的创业想法。该学生在浙江省第九届职业生涯规划与创业大赛中，荣获一等奖，在2018年“挑战杯——彩虹人生”全国职业学校创新创效创业大赛中，荣获一等奖。

**思考：**1. 你所学的专业可以有哪些创新创业的内容？
2. 简单描述你所认为的科技创新的含义。

## 三、科技创新能力的培养

### （一）行以致知

1. 活动主题：棉花糖挑战。
2. 活动目的：体验创新与团队合作。
3. 活动形式：每个小组所搭建的棉花糖塔的结构没有固定形式，每个组员都可以提出自己的创意，这期间可能会出现组员意见不合的情况，这时候就需要各组员间相互配合和协调。小组的人数根据现场的人数和场地空间来定，人数平均分配，一般每组4人。
4. 活动时间：15~20分钟。
5. 活动准备：1块棉花糖，1捆棉线，1条胶带，20根意大利面，1把剪刀。

6. 活动步骤：

1）小组在规定时间内搭一座棉花糖塔。

2）教师测量棉花糖塔的高度。

3）每个小组选出代表谈体会。

**注意：**棉花糖不能被破坏，意大利面可以剪断，如果不小心折断了，可以换新的，但必须拿着全部折断的意大利面来换；不能将塔座粘到桌子上，也不能用绳子从天花板吊下来，然后挂上棉花糖算作高度。教师每隔 5 分钟提醒一次，最后的 3 分钟每隔 1 分钟提醒一次。

## （二）案例导入

### 鲁班发明锯子的故事

相传有一年鲁班接受了一项建筑一座巨大宫殿的任务，这座宫殿需要很多木料，他和徒弟们只好上山用斧头砍木，当时还没有锯子，效率非常低。一次上山的时候，他不小心抓了一把山上长的一种野草，却一下子将手划破了。

鲁班很奇怪，一根小草为什么这样锋利？于是他摘下了一片叶子来细心观察，发现叶子两边长着许多小细齿，用手轻轻一摸，这些小细齿非常锋利。他明白了，他的手就是被这些小细齿划破的。后来，鲁班又看到一条大蝗虫在一株草上啃吃叶子，两颗大板牙非常锋利，一开一合，很快就吃下一大片。

这同样引起了鲁班的好奇心，他抓住一只蝗虫，仔细观察蝗虫牙齿的结构，发现蝗虫的两颗大板牙上同样排列着许多小细齿，蝗虫正是靠这些小细齿来咬断草叶的。

这两件事给了鲁班很大启发。于是他就用大毛竹做成一条带有许多小锯齿的竹片，然后到小树上去做试验，几下就把树干划出一道深沟，鲁班非常高兴。但是由于竹片比较软，强度比较差，不能长久使用，拉了一会儿，有的小锯齿就断了，有的小锯齿变钝了，需要更换竹片。

于是鲁班想到了铁片，便请铁匠帮助制作带有小锯齿的铁片。鲁班和徒弟各拉一端，在一棵树上拉了起来，只见他俩一来一往，不一会儿就把树锯断了，又快又省力。锯子就这样被发明出来了。

**思考：**你觉得鲁班为什么能发明锯子？你可以从他身上学到什么？

## （三）知识探索

### 1. 什么是科技创新能力

科技创新能力是人们在进行科技创新活动中表现出的各种能力，如认识能力、观察能力、记忆能力、判断能力、分析能力、想象能力、实验能力、自学能力、吸收知识能力、信息能力等，是一个人综合能力的具体体现；也可以理解为人们通过观察、思考、探索或发现等方法而得到不同于以往的新思想、新理论、新发明等的能力。从认知心理学的角度看，创新能力是一种在问题情境中，对信息的有效获取、选择的能力，对信息进行合理加工与超越的能力，以及在此基础上解决问题的能力。人类普遍具有创新的潜质，凡是一个大脑正常的人，只要具备基本的文化及环境条件，有创新的意识，都会使创新能力在社会生活实践中得到一定的体现。

### 2. 如何培养科技创新能力

（1）训练问题意识，强化创新人格的形成

提出问题是进行创造的前提，一切发明创造都是从提出问题开始，以问题的解决结束的。大学生在学习时要有质疑精神，善于发现问题、思考问题、解决问题，遇事多问一个为什么，充分发挥主观能动性，大胆创新。

1）对所学习或研究的事物要有好奇心。牛顿少年时期就有很强的好奇心，他常常在夜晚仰望天上的星星和月亮。星星和月亮为什么挂在天上？星星和月亮都在天空运转着，它们为什么不相撞呢？这些疑问激发着他的探索欲望。后来，经过专心研究，他终于发现了万有引力定律。人在学习过程中，如果提不出问题，才是最大的问题；能提出问题，说明在思考问题。好奇心包含着强烈的求知欲和追根究底的探索精神，谁要想在茫茫学海获取成功，就必须有强烈的好奇心。正像爱因斯坦说的那样："我没有特别的天赋，只有强烈的好奇心。"

2）对所学习或研究的事物要有怀疑态度，不要认为被人验证过的都是真理。许多科学家对旧知识的扬弃，对谬误的否定，无不是自怀疑开始的。伽利略始于对亚里士多德"物体依本身的轻重而下落有快有慢"的结论的怀疑，发现了自由落体规律。怀疑是发自内在的创造潜能，它激发人们去钻研，去探索。在学习中不要迷信权威，应大胆地怀疑。

3）对所学习或研究的事物要有追求创新的欲望。如果没有强烈的追求创新的欲望，那么无论怎样谦虚和好学，最终都是模仿或抄袭，只能在前人划定的圈子里周旋。对所学习或研究的事物要有求异的观念，不要"人云亦云”。求异实质上就是换个角度思考，从多个角度思考，并将结果进行比较。求异者往往要比常人看问题更深刻，更全面。

4）对所学习或研究的事物要做到永不自满。一个有很多创造性思想的人如果害怕去想另一种可能比现有的思想更好的思想，或已习惯了一种成功的思想而不能产生新思想，这个人就会变得自满，停止创造。

大学生创新的目的不在于取得多么了不起的成就，而在于建立起依靠挖掘自我的潜能去探索未知问题的意识，逐步形成创新的过程体验，从而形成一种勇于探索的品质和奋发向上的个性，进而培养创新人格。

（2）在实践中培养和提高创新能力

1）训练科技创新思维，增强创新敏感度。创新能力与其他能力一样，要想提高就必须不懈地进行学习与训练。大学生要结合学习、生活以及专业的实际情况，对科技创新思维能力进行培养与训练。首先可以进行发散思维训练。遇到问题要从多方位、多角度去分析、思考，寻求多种途径、多种答案，尽力养成求新求异的思维习惯。其次可以进行逆向思维训练。逆向思维是一种与习惯的、传统的、常规的、逻辑的或群体思维方向相反的思维方式，它要求思维者另辟蹊径，疑人所不疑，想人所未想，创人所未有。

2）积极参加各种社会实践活动。一切创新的内容都来源于社会生活，来源于社会需求。因此大学生应积极参加各种社会实践活动，在实践活动中培养和提高自己的创新能力。首先要积极参加社会调查活动、生产实习活动和生产实践活动，了解和掌握社会现实生活中出现的新问题、新情况和新需求，从而为寻求和确定“创新选题”创造条件。其次积极参加科研活动，培养自己运用理论和知识分析解决问题的能力，也有助于对已学知识进行综合与深化。

### （四）格物致知

**创新之树开花结果　小“鲁班”出了专利**

2019 年 5 月，某高职院校建筑工程技术专业学生叶同学、邵同学、金同学等拿到了名为“一种新型的大规格内墙砖粘贴构造”的实用新型专利证书。该专利提供了一种新型的大规格内墙砖粘贴构造，包括玻化砖，适用于除轻质隔墙和木结构以外的各类建筑的基层材质内墙的高档装饰装修施工。通过采取粘挂结合的施工方式代替目前市面上的湿贴法进行大规格的内墙釉面砖的施工，相比传统湿贴法和干挂法具有粘贴更牢固、防坠落、耗材小、不占用空间、增加重量小、工序简单易操作、可大面积批量施工、施工工期短、装饰选择空间大、尺寸精准、温度变化小、经济实用、造价低廉、放射性污染小、绿色环保等优点。

依托该成果，小“鲁班”们还斩获了多项荣誉。在浙江省第十六届“挑战杯”大学生课外学术科技作品竞赛中荣获三等奖，在浙江省第七届职业院校“挑战杯”创新创效竞赛中荣获二等级，并入选 2019 年浙江省科技创新活动计划暨新苗人才计划。

能取得这样的成绩，小“鲁班”们坦言主要得益于平时积极参与学院的鲁班文化活动和专业社团，发扬鲁班的创新精神和工匠精神，通过“学鲁班做鲁班”，使自己的创新意识日益增强，创新能力得到了很好的训练。

**思考：** 1. 你认为有哪些特质才算具备创新精神？

2. 你觉得该如何训练自己的创新能力？

# 第二节
# 了解商业，探寻商创

**“要营造有利于创新创业创造的良好发展环境。要向改革开放要动力，最大限度释放全社会创新创业创造动能，不断增强我国在世界大变局中的影响力、竞争力。”**

——习近平参加十三届全国人大二次会议福建代表团审议时的讲话

为什么有一些企业在科学技术方面实力雄厚，有专利，有团队，但产品却总难以让客户满意？为什么有一些企业在文化创新方面独树一帜，有创意，有美感，但是产品需求却非常小？

这是因为很多企业重视技术、重视文化、重视产品，却忽略了商业创新，缺乏商创思维。而商业创新的核心就是商业模式创新。商业专家魏炜谈到，随着人工、原材料价格等成本的上涨，国内众多企业原先奉行的技术领先、差异化和低成本战略已经难以适应企业发展的要求。面对新的商业环境，商业模式创新已经成为企业持续发展、保持竞争优势的选择。

据《科学投资》杂志调查显示：在创业企业中，因为战略原因而失败的只有23%，因为执行原因而夭折的也只不过是28%，但因为没有找到商业创新模式而走上绝路的企业却高达49%。因此，商业创新并找到适合的商业模式是企业竞争制胜的关键。

## 一、商业创新意识的形成

### （一）行以致知

**1. 活动主题：**寻找商机。

**2. 活动目的：**培养商创意识。

**3. 活动形式：**小组讨论。

**4. 活动时间：**10分钟。

**5. 活动准备：**白纸或小黑板。

**6. 活动步骤：**

1）每位同学把生活中遇到的一些典型问题进行分析。

2）思考如何把其中的一个问题转化为商创机会。

3）把该问题和可能的商创机会写在白纸上。

4）每组派代表讲解。

5）其他同学进行分析和评价。

6）老师总评。

## （二）案例导入

**海康威视的故事（一）**

1986年，陈宗年从武汉华中工学院（现华中科技大学）毕业。毕业后，他进入位于杭州的中电集团第52研究所（以下简称“52所”），一家军民结合的国家一类研究所。当时全国正在开展体制改革，主要从事技术开发的科研机构需要自力更生。52所也开始尝试创办企业制的科技公司，将科研成果市场化。

1990年，陈宗年被分到了52所旗下一家自负盈亏的公司，跟他一起分配的还有他的校友，胡扬忠。1990年代初，春兰集团公司和52所合作研发生产空调，一个做主机，一个做控制器。52所的单片机技术用到春兰空调里。因此，52所摸索出了一条和企业展开合作的道路，这也为陈宗年和胡扬忠两人依托52所创业，创立海康威视奠定了基础。

1999年，52所研制的数字音视频监控系统，是当时最先进的技术之一。2001年，陈宗年和胡扬忠决定创业，进入安防行业。

这一年，全球发生了两件大事：美国“911事件”，中国加入WTO。美国“911事件”让全球安防意识空前觉醒，国际上对视频监控行业正式放开，安防产业开始爆发。中国加入WTO，则带来了更多国际市场接轨的商业机会。

一家技术型公司成立发展需要两样东西，一是技术，二是资金。陈宗年和胡扬忠都是理工科出身，在52所工作十多年，在技术上有足够的储备。但难就难在创业资金上。因此，两人又拉来另一位校友兼投资人龚虹嘉，一起创业。至此，海康威视的“三剑客”产生了。2001年11月10日，海康威视正式注册成立。

**思考：**海康威视的故事体现了哪些商业创新思维？

## （三）知识探索

### 1. 商业创新意识的形成

商业创新简称商创，指的是一切创业者的商业创新活动，是富有创业精神的创业者通过创新，寻找机会、创造价值的商业活动。要更好地理解商创，就要理解商业及其本质。

（1）认知商业及其本质

1）商业定义

商业源于原始社会以物易物的交换行为，是基于人们对价值的认识的等价交换，是以买卖方式使商品流通的经济活动。商业是城市发展的主流和主导力量，先进发达的商业是现代城市经济发达的象征。

商业按生产活动的性质进行分类，可分为物质资料生产部门和非物质资料生产部门两大领域。前者指从事物质资料生产并创造物质产品的部门，包括农业、工业、建筑业、运输邮电业等；后者指不从事物质资料生产而只提供非物质性服务的部门，包括科学、文化、教育、卫生、金融、保险业等。

2）商业缘起

商业兴起于先商时期的商国，商国第七任君主王亥为中国商业始祖。商业形成初期是以物换物的方式进行的社会活动。商朝时期，农业和手工业得到一定的发展，产品比较丰富。商朝的产品涉及生活必需品和高档耐用品，也包括一些奢侈品。其中生活必需品包括粮食、衣物、毛皮、丝帛、青铜器、珠串、玉器等。也正是因为这些农业产品和手工业产品，才为商朝的商业奠定了产品基础。在各个生产部门内部分工日趋巩固和日益复杂的情况下，商代的商业有了快速的发展。后来，交易开始采用海贝等一般等价物进行，如图 1–4 所示。“贝”其实就是最原始的货币。与以物易物比较而言，货币的出现，极大地提升了商业的效率，促进了商品交易的进一步繁荣。这时候的贝，除了真贝以外，也有骨贝、玉贝和铸造成的铜贝，如图 1–5 所示。而铜贝的出现，标志着金属铸造货币的开始。在当时，贝在流通过程中，以五贝连成一串，将两串合起来则为一朋，而“朋”就是当时流行的货币单位。由此可见，在商朝时，除了商品外，还有了货币，其中最具商业代表价值的其实就是货币。因此，商朝的商业水平在当时已经发展到了顶峰。因为商国人经常从事商业贸易，所以后来把从事商业贸易活动的群体称为“商人”。而这一概念和定义，一直延用至今。

图 1–4　商朝海贝

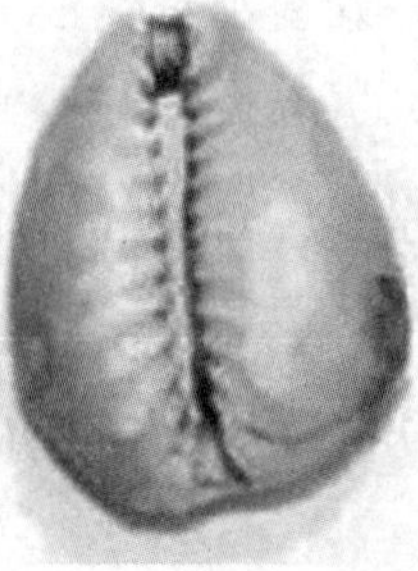

图 1–5　商朝铜贝

3）商业本质

有物品就会产生需要，有需要就会产生交换。商品交换就是指商品所有者按照等价交换的原则自愿相互让渡商品所有权的经济行为。要对商品进行交换，必须对商品价值进行确定，而货币则充当了等价物，履行了定价的功能。因此，商业的本质就是交换，具体而言就是了解对方需求，通过等价物进行物品交换，交换各方均获得价值。通过商业的本质分析，可知商业的核心就是了解、挖掘和满足需求；商业创新的目的就是提升交换双方的效率、体验和价值。这也是现代商业发展的目标。

（2）认知商业创新内涵及其领域

1）商业创新内涵

商业创新内涵主要包括以下几个方面。

① 商业创新的核心在于了解并满足消费者需求。

② 商业创新的灵魂就是创新。

③ 商业创新的关键在于团队。

④ 商业创新的本质是团队创造具有“更多价值的”新事物的过程。

⑤ 商业创新的过程中，团队成员需要贡献必要的时间、知识、技术、智慧和劳动。

⑥ 商业创新的风险包括财务、精神、时间、社交等。

⑦ 商业创新的目的是通过价值交换获得金钱、物资等各类报酬以及实现自我价值和社会价值。

2）商业创新领域

最适合大学生商业创新的领域主要是以下六个方面。

① 高科技领域

大学生身处科技前沿阵地，在这一领域创业有着近水楼台先得月的优势，“易得方舟”“视美乐”等大学生创业企业的成功，就是得益于创业者的技术优势。大学生可以根据自己的专业，选择在人工智能、智能机械、电子商务、软件开发、网页制作、手机游戏开发等领域进行创业。

② 教育领域

在教育服务领域创业，大学生游刃有余。例如，家教领域就非常适合大学生创业，一方面，这是大学生勤工俭学的传统渠道，之前已经积累了丰富的经验；另一方面，大学生能够充分利用高校教育资源，更容易赚到“第一桶金”。

③ 连锁加盟领域

对创业资源十分有限的大学生来说，借助连锁加盟模式的品牌、技术、营销、设备优势，可以以较少的投资、较低的门槛、较低的风险实现自主创业。

④ 电子商务领域

随着互联网商业的发展，传统电商已经遭遇瓶颈，而O2O电商却发展迅猛。也许，对于能迅速接受新观念、新事物的大学生来说，这是个不错的选择。

⑤ 实体零售领域

大学生开实体店，一方面可充分利用高校丰富的学生客流资源；另一方面，由于熟悉同龄人的消费习惯，销售渠道容易开拓；另外，很多大学对大学生创业都有一些支持，在门店租金方面也有一些优惠。当然，开门店卖什么产品或服务，还需要了解市场需求，做一些调查。

⑥ 专业技能领域

大学生可以利用自己的专业技能创业。比如艺术学院的学生，可以利用自己的装潢、美工技能，从事装修、美术设计等行业；机电学院学生可以从事硬件/软件开发设计、汽车维修等行业。俗话说“三百六十行，行行出状元”，大学生利用自己的专业技能，爱一行、专一行、干一行，创新商业模式，发扬匠人精神，一定能找到自己的创业机会。

（3）商业创新意识认知及培养

1）认知商业创新意识

① 商业创新意识概念

商业创新意识是指人们从事商业创业活动的个体倾向，包括需要、动机、兴趣、思想、信念、人生观、价值观以及世界观等心理成分。商业创新意识是商业活动的强大内驱动力，是创业活动中起动力作用的个性因素，是商业创业者的驱动系统。有了一定的商业创新意识，才能更好地选择商业项目，组织商业团队，达到商业目标。

② 商业创新意识的形成

商业创新意识形成分为四个阶段，即创业需要、创业动机、创业兴趣、创业理想。这四个阶段是互相递进、相互影响的。

创业需要是指创业者对现有生活或者工作条件的不满足，并由此产生的最新的要求、愿望和意识，是创业实践活动赖以展开的最初诱因和最初动力。

创业动机是指推动创业者从事创业实践活动的内部动因。创业动机是一种成就动机，是竭力追求获得最佳效果和优异成绩的动因。

创业兴趣是指创业者对从事创业实践活动的情绪和态度的认识指向性。它能激活创业者的深厚情感和坚强意志，使创业意识得到进一步的升华，使得创业行为更为稳定。但是，兴趣会随时间的推移和环境的变化而产生变化。尤其是创业中会遇到很大的压力和风险，这些都会导致创业兴趣的减弱甚至消失，这时创业行为就会戛然而止。因此，创业兴趣要上升为创业理想，才能为持续的创业行为注入动力。

创业理想是创业者对从事创业实践活动的未来奋斗目标较为稳定、持续的向往和追求的心理品质。创业理想属于人生理想的一部分，主要是一种职业理想和事业理想，而非政治理想和道德理想。创业理想是创业意识的核心，是影响创业成败的关键。

这四个阶段的区别见表 1-2。

表 1-2　商业创新意识四个阶段的区别

| 阶段 | 表现 | 特点 | 局限性 |
|---|---|---|---|
| 创业需要 | 对生活或工作不满足 | 创业实践的最初诱因 | 创业计划模糊，创业意愿不强烈 |
| 创业动机 | 长时间对生活或工作感到越来越不满足 | 创业实践的内在驱动力，创业计划清晰，创业意愿增强 | 创业意愿开始增强，但难以支撑持续创业活动 |
| 创业兴趣 | 通过创业活动获得乐趣 | 激活创业动机，创业意愿强烈，创业活动有一定的可持续性 | 遇到挫折、压力和风险时，创业兴趣容易减弱或消失 |
| 创业理想 | 把创业当作事业理想、人生追求 | 创业意愿最强烈，创业活动最具可持续性，是创业意识的核心 | 需要经历创业需要、动机、兴趣才可能形成创业理想。若有创业理想，则创业成功概率会提升，否则创业成功概率会降低 |

创业是需要坚持的，尤其是当方向正确，但却身陷困境时。只有克服困难，持之以恒，才能渡过难关。因此，怀有创业理想、拥有创业情怀、具备创业精神，才能克服创业道路的重重困难，整合和利用一切资源，实现自己的创业梦想。

③ 商业创新意识的内容

商业创新意识是逐渐形成和发展的，而商业创新意识的内容是相对稳定的，主要包括以下几个方面。

- 商机意识

作为创业者，会在创业前、创业中和创业后，始终面临着识别商机、发现市场的考验。创业者必须有足够的市场敏锐度，可以宏观地审视经济环境，洞察未来市场形势的走向，以便做出正确的决策来保证创业项目的持续发展。

- 转化意识

仅有商机意识是不够的，还要在机会来临时抓住它，把商机转化成实实在在的盈利，以保证公司的持续运作，最终实现自己的创业梦想。转化意识就是把商机、机会等转化为生产力，把才能、知识转化为智力资本、人际关系资本和营销资本。

- 战略意识

在创业初期要给自己制订一个合理的创业计划，解决如何进入市场，如何卖出产品等基本问题；创业中期需要制定整合市场、产品、人力方面的创业战略。需要指出的是，创业战略不只有一种，也没有绝对的好坏之分，关键要看是否适合自己的项目。在创业路上应时刻保持着战略的高度，不以朝夕得失论成败。

- 风险意识

创业者要认真分析自己在创业过程中可能会遇到哪些风险，一旦出现这些风险，要懂得应该如何应对和化解。大学生是否具备风险意识和规避风险的能力，这将直接影响到创业的成败和创业者生活的幸福与否。

- 敬业意识

大学生创业不能光停留在理论上，更不能三天打鱼两天晒网，可以从小项目开始，逐步积累经验，不能只想着一口吃个胖子。没有资金，没有人脉都不要紧，关键是要有好的思路和想法，并努力去执行。

2）商业创新意识的来源

商业创新意识源自哪里？毫无疑问，主要来源于生活和学习。

① 商业创新意识来源于生活

商业创业的火花无处不在。比如在某高职的 E 邮站，经常有一些男生去寄鞋子。开始没有人在意，以为是普通的淘宝购物罢了。后来经过调查发现，原来是一些比较潮的男生，喜欢一些很有型的鞋子。但是有些鞋子数量有限，或者新款比较难买。这些大学生创业者就会通过一些渠道，比如海淘、官网等渠道去购买，然后再转卖给别人，从中获取报酬。这样既丰富了校园生活，又帮助了他人，还获得了报酬，可以说是一举三得。

② 商业创新意识来源于学习

作为大学生，最主要的任务就是学习。在学习中，无一不会绽放创新的花朵。比如某高职一名学生在“市场营销”课程中，学习了微营销的方法后，就做起了微商。他通过渠道找到了一个品牌运动鞋的货源，并建了微信群、微博，构建自己的私域流量池，经常和粉丝互动，输出价值，让粉丝自动裂变，再利用产品来变现。业绩好的时候，一个月能有几千元的销售额。

3）商业创新意识的培养

① 敢于创新

商业创新意识重在创新。但是很多学生习惯于按部就班、中规中矩，没有勇气去创新。

前几年，某高职院校有几名大学生，发现很多同学喝完水之后，将空瓶子扔得到处都是，既影响校容，又不环保。因此，他们就把空瓶子做成一个个小巧玲珑的艺术品，这就是一种很好的创新。

有些大学生说创新很难，其实不难，可以从细节做起。比如敢于大众演讲，敢于在课堂上表达不同的意见，这些都是非常重要的创新意识。所以，创新不仅是一种能力，更是一种勇气！

② 善于观察与思考

要学会观察生活，尤其要学会用心观察，而不仅仅是用眼；要做一个生活的有心人；要善于在生活当中去发现问题、思考问题、解决问题，把生活中的一些思考，变成好的想法；把好的想法变成创业点子。像共享充电宝、食品外卖平台等一些好项目都是基于对生活问题的思考而立项的。

③ 学习相关知识

首先，要加强对专业知识的学习与拓展。在当今创业环境中，专业型创业者越来越具备优势。同时要学习商业基本知识，要把学到的商业知识用于观察和分析生活中的问题，把握问题的本质；要收集和利用信息，摸清市场运行的基本规律；要积极主动去探索解决问题的渠道和方案，寻找和创造较好的商业机会。

其次，要专注创业项目的学习，比如行业背景、产品知识、竞争环境等。

最后，在创业过程中要总结失败原因，找到更好的方案。要领悟隐藏在市场、技术、商业背后的规律，并形成自己的观点和思维体系。

④ 积极实践

“知行合一”是陶行知先生一贯主张的教育理念，如图 1-6 所示。大学生们除了要认真学习理论知识外，还要积极参与一些创业竞赛、创业活动，这有助于培养自己的商业创新意识、熟悉商业创新环境、获得商业创新资源。每年各高校都会有很多创业比赛，例如技能竞赛、挑战赛、职业生涯规划赛等，选手们可以自组团队报名参加。通过参加比赛，可以增强商业创新意识、明晰创业思路、熟悉创业流程、把握创业原则、实施创业计划。很多学校也非常重视学生的创业实践，为大学生创业提供了资源和平台。比如某些大学会定期举办美食节、购物节等各种创业活动，为学生提供创业一条街的店铺资源，这些都是对创业实践很实际的支持。

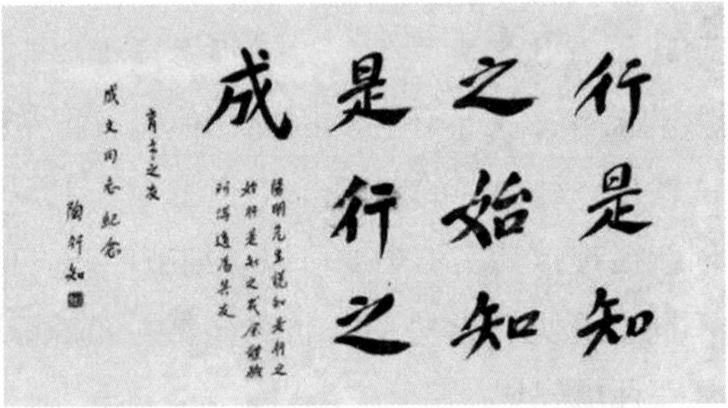


图 1-6　陶行知的“知行合一”理论

## （四）格物致知

### 某高职院校白同学如何利用抖音创业（一）

喜欢微笑的白同学是来自某高职院校 2020 届会计专业的一名普通学生。说他普通，是因为他和其他同学一样，每天在学校的生活就是上课、完成作业、去图书馆看书、参加社团活动等。每天过得很充实，很平淡，也很快乐。

白同学有一个特点，就是接受新鲜事物比较快。当他入校接触抖音的时候，就被其丰富生动的内容所吸引。于是，他注册账号，玩起了抖音。没想到，这一玩就一发不可收拾。由于白同学以前喜欢拍照、拍视频，他拍视频的角度和内容都具有一定的创新性，且主题鲜明、立意深刻。于是，他经过思考，开始拍摄一些视频在抖音发布，没想到这些视频很受粉丝的喜爱，点击关注这些视频的流量有数十万之多，这让他很吃惊，也很兴奋。于是，他更加地投入，努力在目标人群、视频立意、拍摄角度等方面进行研究和创新，拍摄了一系列的视频。这些视频为他收获了数百万的流量。

起初，白同学拍视频，玩抖音，无非是抱着好玩的心情。可是后来，他突然意识到，或许这是一个很好的创业机会。因为有人关注就有流量，有流量就有粉丝，有粉丝就有用户。如果持续拍好视频，并嫁接产品，流量不就可以变现了？他为自己的创意而兴奋不已。

**思考：** 1. 你认为利用抖音创业还有机会吗？为什么？
2. 你如何看待白同学的创意？

## 二、商业创新思维的养成

### （一）行以致知

1. 活动主题：创新你的商业模式。
2. 活动目的：培养商业创新思维。
3. 活动形式：个人任务。
4. 活动时间：15 分钟。
5. 活动准备：笔记本、教师端电脑、投影仪、黑板。
6. 活动步骤：

1）教师布置任务，要求每位同学想出一个创业点子，思考商业模式，并填写下表。

| 创业项目 | | 商业模式 | | | 商业模式创新点 |
|---|---|---|---|---|---|
| 项目名称 | 一句话简介 | STP 分析 | 业务模式 | 盈利模式 | |

2）学生用笔记本完成作业，并上交答案。

3）教师把学生交的答案在教师端电脑呈现。

4）教师对项目的商业模式进行分析和评价。

5）选出最有创新性并能落地的三个作品。

6）根据教师的分析和评价，学生修改完善自己的商业模式。

### （二）案例导入

**海康威视的故事（二）**

技术出身的陈宗年一开始就为海康威视确立了走“技术创新”的路径。

2001—2002 年正值视频监控技术的范式转变，视频压缩板卡从“MPEG1”向“MPEG4”技术升级，视频监控储存产品从 VCR（盒式磁带录像机）向 DVR（硬盘录像机）转变，这是视频监控技术的“数字化”阶段。陈宗年抓住了这次技术升级的机会。

2002 年，海康威视推出了性价比高的 MPEG4 标准视频压缩板卡，以及 DVR（硬盘录像机）。在成本相差不多的情况下，海康威视的产品具有很好的产品性能。很快，海康威视就在我国压缩板卡和 DVR 市场占据了 60% 的份额。

2003 年，海康威视又推出基于 H.264 标准的 H 系列压缩板卡，成为国内首家推出该系列产品的公司。连海康威视成立之初的模仿学习对象——以色列 OPTIBASE 公司都派人到杭州考察，他们对基于 H.264 技术的压缩板卡表示震惊。2003 年，海康威视销售额已经达到 1.6 亿元，高端主流压缩板卡的市场份额高达 80%。

2004 年，海康威视率先在全球将 H.264 算法引入视频监控行业，推出基于 H.264 算法的嵌入式硬盘录像机（EDVR）。一年后，海康威视在硬盘录像机领域的市场份额占全国第一。

2003 年国家启动“金盾”工程，2005 年国家启动“111”工程，2007 年国家启动“天网”工程，这一系列政策推动了我国安防市场规模的暴涨。有数据显示，由于政府对安防产品的大力投入，我国恶性案件数量相较十年前下降了超过 80%。我国安防行业迎来发展黄金期。

陈宗年抓住了这次机会，不再局限于视频监控存储产品业务，而向前端监控摄像机、摄像头领域发展。然而，视频监控前端设备的许多核心技术被国外所掌握，我国企业在这方面可以说是空白。

技术出身的陈宗年认为，这是一次追赶的机会，开始加大投入自主研发前端摄像产品。他始终认为，“高科技产品要与对手进行长期竞争，必须掌握核心技术。”

2006 年底、2007 年初，海康威视推出了自主研发的摄像机产品，后来成为视频监控产品全链条的供应商。

之后 4 年，随着中国安防市场的增长，海康威视也一跃成为国内安防第一企业。海康威视的产品开始进入银行 ATM 取款机摄像头等金融场景，以及交通主干道“电子警察”等政务领域，并且蔓延至许多生活消费场景——机场、加油站、超市等各类场所也开始使用监控设备。

2010 年，海康威视成为国内安防龙头。2010 年 5 月 28 日，海康威视在深圳交易所创业板上市，总市值 409.7 亿元。

自 2011 年，海康威视连续 10 年在全球视频监控领域的市占率第一，2021 年的全球市占率近 30%。一个重要原因是 2011 年之后，随着互联网、大数据和物联网等技术发展，我国城市化转向智慧城市，海康威视基于此前的技术积累，也顺势转向网络化、高清化、智慧化发展。

2016 年，海康威视提出战略转向，由“全球领先的视频产品及内容服务提供商”转变为“以视频为核心的物联网解决方案和数据运营服务提供商”，着重发展物联网。

2017 年，海康威视推出了智能物联网“AI Cloud”架构。

2021 年，海康威视将自己现有业务领域定位为“智能物联 AIoT”。

随着人工智能、数字经济时代的到来，海康威视开始从重视硬件到软硬件结合，发展人工智能算法技术，补足自己的短板。多年来，海康威视的研发投入占到营收的 8%~10%。2021 年底，海康威视有 52000 多名员工，其中 25000 多名是研发人员，也就是近一半的员工为研发人员。

**思考：**海康威视做了哪些技术创新？

## （三）知识探索

### 1. 商业创新思维及其特点

商业创新思维是创造性行动的思维方法，是探索和创造未知世界的方法，是用自己的想法去支配资源，放大自己能量的思维方法。

商业创新思维特点包括以下几点。

1）创新性。创新是商业创新思维的本质特征。没有创新，商业创新思维就没有价值。衡量一个商业项目的价值，很大程度取决于该项目的创新性。

2）实际性。商业创新的创新并不是天马行空、胡思乱想的，而是以实际落地为原则的。任何具有创新性的商业创新项目都必须能落地，具有一定的技术条件、市场环境，具备可准入性、可操作性。

3）风险性。商业创新活动存在一定的风险。风险的大小和项目的创新性、实际性、团队、环境都有关系。商业创新风险包括战略风险、财务风险、团队风险、物流风险等。

4）经济性。商业创新思维就是创业思维，是以盈利为目的的经济活动。所以必须具备经济思维，要有成本意识、盈利意识等。创业者必须尽可能降低创业成本，创造项目盈利，并对财务进行科学管理。

2. 商业创新思维的内容

要想创业成功，必须具备非同寻常的商业创新思维。商业创新思维是一个创业者必备的商业素养。那么，一个创业者应该具备什么样的商业创新思维？

（1）调查、了解市场

没有调查，就没有发言权。要运营一个创业项目，必须对该项目的市场环境进行调查和分析，要分析行业、解读环境、了解客户。首先，要了解创业行业的发展情况和特点；其次，要了解外部环境，包括经济环境、社会环境、文化环境、政治环境、法律环境等；最后，要了解客户及其需求结构。

（2）预见行业趋势

这个世界上唯一不变的就是“变化”。创业者要根据自身知识积累和行业经验，结合行业发展现状，分析用户场景尤其是用户生活和工作方式的变化趋势，依据政治、经济发展势态，国家对该行业的政策支持，关键技术的变革等来预计行业未来发展动向。

（3）关注用户价值

用户购买特定产品或服务的前提是因为该产品和服务能够满足其需求、解决其问题，以实现用户价值。无论是价廉物美的生活品，还是价格不菲的奢侈品，用户都是为了获得价值而购买。所以商业创新项目都必须聚焦于对用户价值的关注、观察、发现和创新。大学生平时就要养成对生活体会和观察的习惯，任何生活中不方便的环节或者大家遇到的痛点问题，往往都蕴藏着商机。

（4）分析竞争环境

按照达尔文的优胜劣汰法则，行业的竞争永远都存在。在市场经济中，同样存在大鱼吃小鱼、快鱼吃慢鱼、鱼群吃独鱼的残酷现实。竞争是市场经济中不变的主题，一个新行业的出现，总会带来一大批的跟随者，蓝海市场最终会演变成红海市场。因此，要尽力了解竞争对手，做到知己知彼，才能百战不殆。分析竞争环境有一个很重要的工具，即 SWOT 分析工具。

SWOT 分析常常被用于与竞争对手进行项目或产品的比较分析，包括优劣势分析及发展的机会及威胁分析等。通过 SWOT 分析，有助于更清晰地了解自己和竞争对手的优劣势，以及市场机会和威胁情况如何；如何针对现有的优劣势把握机会、避免威胁；如何在威胁中发挥优势、避免劣势，并应对对手的竞争优势；如何根据优势去把威胁转化为机会；如何通过自己的长处对付对手的短处；如何学习对手的长处并将其抑制住等。通过 SWOT 分析，有助于对 S、W、O、T 这四个象限的要素进行科学匹配及动态分析，有助于制定正确的营销战略和策略。

（5）建构商业模式

即使我们找到了对用户有价值的产品和服务，但未必能够将其转化为商业形态。正如有的共享单车项目，确实存在用户价值，可是由于缺乏有效的商业模式，成本太高，长期难以获利，项目难以维持。因此，商业模式设计非常重要。商业模式是商业创新的核心。对商业模式的研究和设计，除了需要拥有满足用户需求、实现用户价值的好产品和好服务外，更应当从用户角度思考，设计合理的业务模式、盈利模式，打造一个商业的闭环。光有好的商业创新项目，没有好的商业模式，可能会是昙花一现。商业模式能够成功的关键在于以下几点。

1）产品或者服务是有价值的，客户愿意通过支付货币换取该价值。

2）愿意购买产品或者服务价值的用户会不断增加，能带来持续不断的现金流。

3）用户能在一个比较长时间，一直为该产品或服务买单，保证盈利的持续性。

4）客户购买和商家销售的交易过程是便捷的、高效的、低成本的。

（6）整合创业资源

创业需要整合资源，比如信息、资金、物质资源等。因为个体的资源是有限的，而创业过程就是大量寻找、整合和利用资源的过程。因此，要尽可能利用周围一切可以利用的资源，最大程度为项目赋能，才能帮助创业者克服困难，化解危机；另外，个体的智慧、能力也是有限的。新零售时代，单枪匹马创业的模式已经不再是主流。要创业成功，就必须要打造自己的团队，充分利用团队的资源和优势、智慧和才能，推进项目快速发展。

### 3. 如何培养商业创新思维

（1）激发商业创新兴趣

兴趣是最好的老师，要想方设法激发学生创新创业的兴趣。比如上课时，利用抖音、微博等自媒体工具，提升学生拍摄视频，直播带货的兴趣；还可以组建社团，组织学生参与创业竞赛或者创业实践；或者教师成立工作室，与企业合作，让学生加入项目团队；或者与兼职平台合作，让学生积极参与社会兼职，提升自己的商业创新意识和技能。总之，通过第一课堂、第二课堂活动的结合，可以大大提升学生进行商业创新的兴趣。对商业创新有了兴趣，才有可能把商业创新意识变成商业创新思维，并最终形成商业创新精神。

（2）培养商业创新精神

把创业兴趣升华为创业精神，才能为创业者提供源源不断的动力，创业者也才可能把断断续续的、孤立发散的商业创新意识珠联璧合，形成完整的商业模式。创业精神是指在创业者的主观世界中，那些具有开创性的思想、观念、个性、意志、作风和品质等，支持创业者不断克服困难，寻找机会，维持创业者持续的创业活动，直到实现创业目标。

创新、开拓、积极、谋略、雄心是创新精神的五大要素，如图 1–7 所示。20 世纪的经济学家约瑟夫·熊彼特（Joseph Schumpeter，1883—1950）研究了创业者创新和开拓的积极性所带来的变化。熊彼特将创新精神看作是一股“创造性的破坏”力量。创业者采用的“新组合”使旧产业遭到淘汰。原有的经营方式被新的、更好的方式所摧毁。管理学专家彼得·德鲁克（Peter Drucker）对这一理念进一步解释：创业者是主动寻求变化、对变化做出反应并将变化视为机会的人。因此，培养商业创新精神，就是为培养商业创新思维打造一个动力系统，让商业创新思维更具长期性、稳定性、开拓性。

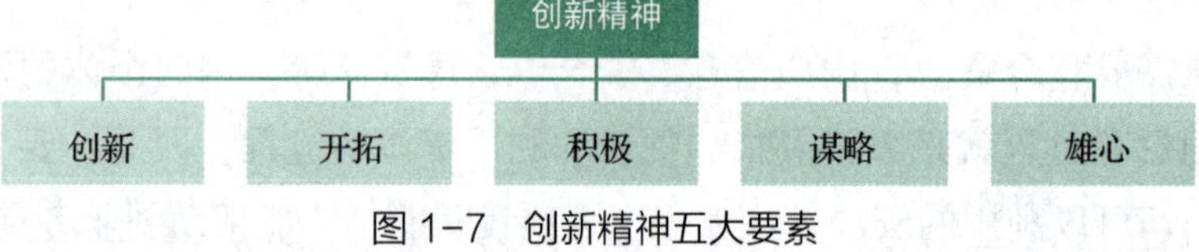


图 1–7　创新精神五大要素

（3）储备丰富知识

大学是一个多学科融合的教育平台，在这个大平台上可以吸取各方面的知识。对于培养商业创新思维来说，知识储备是非常重要的，相关知识储备是商业创新思维形成的基础。可以说，通识知识是商业创新思维形成的基础和铺垫，体现的是商业创新思维的广度；而专业知识是商业创新思维形成的关键，体现的是商业创新思维的深度。专业知识帮助创业项目走得更快，而通识知识帮助创业项目走得更远。因此，努力使自己成为“T”型人才，有助于提高创业成功的概率。

（4）认知创业行业

认知创业行业是创业者实现创业的重要一环，所谓的认知创业行业就是能够对某个创业行业的产业链有较为完整的了解，可以根据自身的能力和资源完成某个环节的服务，而这往往是创业的起点。只有对整个行业进行了解和分析，才能明察秋毫、洞察机会，把模糊的商业创新意识和想法形成客观的、务实的、有深度的、创新的商业创新思维。

（5）坚持知行合一

早在明朝，思想家王守仁便提出“知行合一”，他强调：知与行的合一，既不是以知来吞并行，认为知便是行，也不是以行来吞并知，认为行便是知。近代教育家陶行知先生进一步发展了“知行合一”的理念。他提出：行动出真知，知识又反过来指导行动，知与行是一种相辅相成、辩证统一的关系。因此，好的商业创新思维需要通过行动去培育。通过参加相关商业创新行动，让创新意识更加清晰，可以将不同创新意识进行梳理和整合，构建自己的创新逻辑。

（6）培养效果逻辑

效果逻辑理论的创始人是美国的萨阿斯·萨阿斯瓦斯，他在其导师的研究基础上提出了一种基于效果逻辑的决策理论。他认为，效果逻辑理论是一种决策逻辑，是创业者在充满不确定性并难以预测的环境下，识别多种可能的潜在市场，从现有手段出发，不在意预测信息，投资他们可承担损失范围内的资源，以与外部资源持有者互动过程中建立利益共同体的方式，整合更多稀缺资源，并充分利用突发事件来创造可能结果的一种思维方式。

效果逻辑和因果逻辑是对应的。因果逻辑强调原因和结果。很多持有因果逻辑的大学生创业者往往认为，要万事俱备，才能创业。这容易导致创业机会稍纵即逝。而效果逻辑是一种行为逻辑，强调通过行为来创造或发现商创机会，达到自己的创业目标。基于效果逻辑的创业者往往从分析既有资源出发，在此基础上确定自己能够做到什么，并积极同周围的资源进行互动，从而获得相关支持，达成一致目标，推动项目的进程。

## （四）格物致知

### 某高职院校学生白同学如何利用抖音创业（二）

白同学在萌发利用抖音创业的想法后，开始做一些准备。首先，他加强了学习，积极参加各类互联网、抖音营销类课程，学习了整个抖音运营的知识和技巧。他还积极参加各类创业比赛，并获得了不错的成绩。例如2020年7月获得学校第十届职业生涯规划与创业大赛暨互联网+大赛一等奖；在2020年8月分别获得浙江省第十五届大学生电子商务竞赛一等奖和浙江省第十二届“挑战杯”大学生创业计划竞赛二等奖；2020年9月份，获得浙江省互联网+大赛铜奖以及学校乡村振兴大赛一等奖等。

后来，他开始对利用抖音创业有了进一步的思考。抖音是一款音乐短视频社交软件，专注15秒音乐短视频社区。用户可以通过这款软件，自唱、自拍视频并进行发布。抖音出身“贵族”，由今日头条孵化，所以，具有一套今日头条赋能的算法。这套算法的基本规则是：给视频一定的流量，让视频获得一定的关注、播放、评论及点赞。同时，又因为别人的关注、播放、评论及点赞效果，影响视频追加的流量。

据统计，到2020年为止，抖音日活跃用户量（DAU）达4亿，月活跃用户数（MAU）达到6.5亿，月人均使用时长为28小时；抖音用户群以一、二线城市的90后、95后为主，尤其年轻女性较多，因此衣食住行紧密相关的产品更适合在抖音营销。

于是，白同学确定了以食品为主打产品，通过视频发布获取粉丝流量，再通过抖音的商品橱窗功能链接电商平台，并最终销售产品的策略。这样，就能把流量变现。产生现金流。他又对目标客户进行了需求调查，根据目标客户的需求，确定自己的业务模式分为三块：视频制作；视频账号孵化；直播带货。这三个业务模块也是互相联系，互相促进的。通过视频制作获取粉丝关注，吸引“人”；通过视频账号孵化，形成“场”；通过视频账号的定位和流量来为直播造势，销售“货”；通过“人”“场”“货”的重构，提升零售的效率。

于是，在他的构思下，一家新的自媒体公司即将诞生。

**思考：** 1. 你认为白同学的商业模式设计有无问题？

2. 你认为白同学的商业模式还有什么地方可以完善？

## 三、商业创新能力的培养

### （一）行以致知

1. 活动主题：测测你的商业创新能力。

2. 活动目的：培养商业创新能力。

3. 活动形式：小组任务。

4. 活动时间：20 分钟。

5. 活动准备：笔记本电脑、多媒体教室。

6. 活动步骤：

1）活动背景：假设你只有 1000 元，计划在你的学校新开一间全新模式的打印店，以更好地满足学生需求。为了在与传统打印店的竞争中获得优势，你需要对你的打印项目进行创新，请写出商业计划。

2）活动要求：主要从产品创新、运营创新、服务创新等方面书写。

3）学生分组，讨论项目。

4）学生分工协作完成任务。

5）教师分析和评价任务成果。

### （二）案例导入

**e 袋洗：以智能科技重塑 O2O 洗衣商业模式**

e 袋洗的前身是有着 20 多年洗衣经验的荣昌洗衣，也就是荣昌集团。移动互联网时代的到来，给这家企业注入了一针强心剂。现任 e 袋洗创始合伙人兼 CEO 陆文勇认为，人们对服务需求极度旺盛的时期已经到来，而传统洗衣价格贵，无法满足上门取送、实时流程跟踪等需求，通过移动互联网可以对洗衣行业进行垂直深度改造时机已到。

O2O 上门洗衣服务如何优化其供应链时长是一个重要问题。从下单开始，会有取送的物流环节，即“最后一公里”配送的问题；从驿站到达洗衣店 / 洗衣厂，会有在当地生产或者洗护的过程，而这两部分服务都需要有运营体系的管理标准。

坚持让服务专业化。相比之前的 O2O 市场烧钱砸用户，e 袋洗更看重依靠高品质的人群，通过专业化服务进行口碑传播。

坚持智能化、自动化让洗衣更加集中化、标准化。由 e 袋洗联合拥有多年洗护经验的衣贝洁共同打造的中央智能工厂系统，将是全世界最先进以及我国第一个高标准化的中央智能工厂系统。

坚持从存量技术到先进的科技转变。e袋洗洗护研究院针对一些特殊污渍或者特殊面料的洗涤进行深入研究，目标是探索出更多的洗护研究技术，从而让e袋洗的洗护服务品质得到质的飞跃。未来，在实现了技术上的突破之后，还会将成果应用到智能工厂，真正实现整个洗衣行业的专业化、标准化。

坚持洗护垂直领域服务。e袋洗内部孵化出母品牌“小e管家”，从共享经济的概念入手，打造一个邻里互动服务的共享经济生态圈。

作为国内知名家庭洗护垂直平台，e袋洗已经覆盖全国80%的地区，拥有千万级用户，用户使用量居同类产品全国榜首，单日最高订单量突破十万，未来对于三四线城市也将通过邮寄方式实现全覆盖。

### （三）知识探索

#### 1. 商业创新能力

商业创新能力指拥有发现或创造一个新的领域，致力于理解、创造新事物的能力，能运用各种方法去利用和开发它们，然后产生各种新的结果。

对于创业者来说，只有具备了一定的商业创新能力，才可能把创业计划落地。商业创新能力主要包括以下几种。

（1）决策力

决策力，是创业者对公司重大事项进行谋划和决策的能力。创业者根据主客观条件，因地制宜，准确确定创业的发展方向、目标、战略，并详细选择实施方案。对于创业者来说，决策力是第一位的。如果一个创业者不具备决策的能力，就无法确定项目的前进方向。另外，错误的决策会导致项目功亏一篑。

（2）治理力

治理力，是对项目进行管理运营的能力。在创业过程中，因创业者自身的条件单一而受到限制，故一般需要创建创业团队。而项目创始人，如果要做到凝心聚力，协同一致，就必须要有治理能力。要做到合理分工，科学管理；要塑造团队精神，提升团体的凝聚力；要懂得用人，知人善用。把合适的人放在合适的岗位，充分发挥每个人的聪明才智，挖掘每个人的价值，从而实现公司整体价值。

（3）执行力

有了好的商业创意、商业模式之后还一定要努力付诸实施。首先要制订商业计划，然后搭建商创团队，划分部门，确定职能分工。按照计划的时间表，立即执行计划。在执行过程中，还要根据环境的变化，调整计划，以达到最佳的工作绩效。执行力是属于系统、组织和团队的，只有好的管理模式、管理制度，核心团队才能充分调动全体人员的积极性，从而发挥出最大的执行力，创业目标也才可能实现。

（4）创新力

创新力，又称创新能力，原指科技上的发明、创造，后来用于指代在人的主观作用推动下产生所有以前没有的设想、技术、文化、商业或者社会方面的关系，有时也指自然科学的新发现。创新是人类进步的必要条件，没有创新，人类就不会进步，没有创新，就没有未来。在 2014 年 9 月夏季达沃斯论坛上，李克强总理的讲话就提出，要在 960 万平方公里土地上掀起“大众创业”“草根创业”的新浪潮，形成“万众创新”“人人创新”的新势态。创新既是一种精神，也是一种能力，更是一种责任。有创新，才能满足用户的需求并解决用户的问题，才能体现项目的竞争优势，实现项目的价值；有创新，才能提升国家的软实力，才能促进国家的经济繁荣和发展。

管理学大师熊彼得定义了五种创新，我们可以从这五个方面来获得创新启示。

1）采用一种新产品——也就是顾客还不知道的产品，或者一种产品的新特性。

2）采用一种新的生产方法。

3）开辟一个新的市场，也就是在某些领域还没有竞争者进入的市场，这个市场以前可能存在，也可能不存在。

4）获得原料或半成品的一种新的供应来源，无论这种供应来源是已经存在，还是第一次创造出来的。

5）实现一种工业的新组织。

（5）抗挫力

抗挫力是面对逆境时的态度，以及处理、应对的能力。美国宾夕法尼亚大学经过 30 年的研究发现，在人生的挫折与困难面前决定一个人成功与失败的关键在于一个人的心理弹性能力（Resilience），俗称抗挫力。抗挫力犹如一套个人的心理自我免疫系统，不仅保护自己免受困难与挫折的侵蚀，还能提高生命的动力，以提升个体的勇气，并获得智慧去探索未知的世界。作为创业者，要明白在创业的道路上并不是一帆风顺的，一定会有各种风险，各种困难。不要遇到困难就立刻放弃，半途而废只能是一无所获；遇到压力更不能意志消沉，甚至做出极端行为，这都是对自己、家庭及社会的不负责任，是抗挫力非常糟糕的表现。无论是否创业，要想让自己更成功、更幸福，都必须提升自己的抗挫力。而对于创业者而言，就需要更强的抗挫力，要做到越挫越勇，越挫越强，越挫越坚。

商业创新能力是在商业创新意识、思维基础上形成的。反过来，商业创新能力，又会强化商业创新意识，升级商业创新思维。这就是陶行知先生提到的"知行合一"。

#### 2. 商业创新能力培养原则

商业创新能力培养有以下三大原则。

（1）重个性

重个性指根据大学生的个性特点对其进行创新能力的培养，体现培养的差异化。有的同学个性内向，不善于与他人沟通，可以根据其特点和兴趣、特长，安排合适的学习任务，比如可以安排其做详情页的设计，网店的装修，以提升其对美感的认知和创新；有的同学性格活泼，喜欢与人交流，可以安排其进行一些市场调查、促销的工作，以培养其对需求的调查能力和挖掘能力，以及对市场的洞察力和分析力等，这些都是创新能力的表现。重个性而求差异，差异化也是创新的表现之一。

（2）重系统

对大学生创新能力的培养，一定不是浅尝辄止的，而是要系统性地去运作，是一个系统工程，包括以下内容。

理论研究：如方案的编写，课题的研究。

教学培训：教师的培训，课程的改革，教学模式的创新，课堂任务与课后任务的衔接。

第二课堂：社团的课后指导，专业技能的比赛。

以上这些都是这个系统工程的重要元素。如果只重视某些方面，而忽视其他方面的要素，就难以形成一个培养体系。

（3）重实践

实践是商业创新能力形成的唯一途径。不动手实践，停留于空想，在概念中打转，是不可能有真正的创新的。创新的火花一般都是在实践中迸发出来的，是建立在自己的专业领域或者熟知的领域，基于自己对问题的看法和思考，从不同的角度，得出新的想法或者建议，从而更好地分析问题、解决问题。比如让项目获得更好的资源，让商业模式更轻、更新、更实，让获客的手段和工具更多样化，让客户的体验更爽。这些都是在实践中实现的，离开实践讲创业，就是海市蜃楼、天方夜谭。

某高校商务管理学院廖同学，在其学院的罗森之家实训基地成立之前，就创办了罗森之家网上购物平台，搭建了公众号和微信群，启动了O2O营销。通过这些实践活动，该同学既培养了创业的意识、思维，又提升了O2O创新运营的能力，包括团队搭建、产品选品、大数据定价、互联网促销、线上线下导流、物流配送等。

3. 商业创新能力培养路径

（1）打造商业创新环境

商业创新环境是大学生创新能力形成和提高的重要条件。要营造一种良好的创新创业的环境，首先，要加强舆论的引导和宣传，形成“行知创新”的校园文化，比如通过海报、展览、横幅、公众号推文等多种渠道来进行宣传和推广；其次，通过课程、社团、比赛等多种方式的结合，拓宽大学生的知识领域和专业深度，把创业社团、创业园区等作为抓手促进商业创新活动的开展。

（2）课内课外结合

商业创新能力的培养，往往需要通过课堂教学与课后活动来实施。比如把课堂教学与课后调查、小组任务、人物采访、项目参观、企业兼职等结合。比如在学习创新创业课程中“市场调查”的内容时，通过课内课外结合、线上线下结合的方式制作调查表格，获取调查数据，制作调查报告，完成市场调查任务，从而提升学生创新创业的能力。

具体做法是：首先，在课堂上发布任务，并解剖任务，把任务落实到小组；其次，每组学生根据任务设计调查的形式、工具，制作问卷，再交给老师审核。审核通过后，即可在课后通过线上发送链接，线下访谈、座谈等方式开展市场调查；然后，小组讨论分析数据，完成调查报告，制作PPT，并在下一次课堂上进行演讲。这样就可以大大提高学生的市场调查、分析能力，以及对市场数据挖掘、整合和分析能力，这些无一不是商业创新能力的淬炼和提升。

（3）校企共建实训基地

通过校企共建实训基地，能推动学生参与实训任务，真正去思考、分析、解决问题，提高创新创业能力。比如，某高职院校的罗森之家实训基地自启动以来，创新创业成果显著。

罗森之家实训基地搭建了一个教学和实践相结合的商业运营场所。通过该实训基地的启动及运营，强化学生职业技能、创新能力的培养，建立现代学徒制校企合作新零售商业模式，学生入校即相当于入职，学生具有学生和员工双重身份，共同接受学校教师和企业师傅的协同教学，经过两年培养，将大部分学生培养成未来的罗森连锁分店店长。

（4）对创新创业提供支持

首先是办公场地的支持。比如学校可以为一些好项目提供办公场所，在费用方面尽可能优惠或者免费。在创业园招商入驻时，可以对创业项目进行评估，优秀项目完全免费，一般项目可以酌情优惠收费；另外，也可以整合资源，帮助创业者们共享共建办公室，共同创业。

其次是创业资金的支持。比如可以通过设立创业基金，或者利用一些银行关系，提供免息贷款；开展一些项目路演，为创业项目引入投资资金等，为创新创业项目提供支持。

再次就是资源的支持。尽量为大学生提供一些设备、业务、合作、管理、营销、顾问等资源，降低大学生创业的风险，减小创业的成本，增加合作的机会，提升创业的软实力。

## （四）格物致知

### 某高职院校学生白同学如何利用抖音创业（三）

在确定商业模式之后，有一些志同道合的同学受白同学之邀，加入了项目团队。于是，白同学很快和他的团队创立了云享蔚来文化传媒（杭州）有限公司。这是一家集短视频运营、电商、培训为一体的新媒体公司，致力于通过短视频电商、直播带货、账号孵化等方式，帮助企业精准营销，提高销量，共有视频制作、账号孵化、主播带货三个团队来支持整个公司的运营和盈利。

以下是学校小记者对白同学的一段采访。

小记者：同学你好，很高兴作为创业达人的你能接受此次采访。请问当初是什么契机让你想要创业的呢？是出于什么动机？

白同学：主要是因为兴趣爱好以及有一颗不甘平凡的心，所以选择了创业这一条路。

小记者：您能简单介绍下您的创业项目吗？

白同学：我们是一家集短视频运营、账号孵化为一体的新媒体公司。企业项目主要是通过抖音直播来提高商家的销量。

小记者：请问您在开始创业的时候，您的家长和朋友是什么态度呢？

白同学：刚开始家人是不知道的，现在也还没有告诉家人，是想做到一定的成绩后再向家人透露。朋友都非常支持我。

小记者：你在最开始创业的时候遇到过什么困难？怎么解决这些困难呢？

白同学：初期的困难肯定是有的，主要就是缺少资金。这个困难是我们创业的第一个门槛。至于困难的解决方案，更多的是前期团队成员、朋友和老师的支持、帮助，是他们帮助我们度过了项目前期的困难阶段。

小记者：后来资金筹备情况如何？

白同学：后来有个抖音网友开始关注我的账号，并多次与我沟通。经过充分的了解后，这个网友加盟了我们团队，给我投了第一笔资金。这让我非常惊喜。

小记者：这听起来不错。说明投资人很认可你的项目，也很认可你。

白同学：对，他是一个企业的白领，他还给我带来了很多业务资源。

小记者：你认为创业者最重要的品质是什么？你认为自己创业的优势是什么？

白同学：我认为创业最主要是要有信心，其次是耐心。我认为自己创业最大的优势是自信，还有就是后面有团队跟我一起去创业，以及创业老师对我们的支持和指导。

小记者：疫情期间企业是怎么过渡的呢？

白同学：我们团队当时专门弄了一间办公室，整个团队都在这间办公室内办公。而在疫情期间，我们也得到了学校方面的大力支持。

小记者：你们的项目业绩如何？

白同学：我们在上次双十一期间订单有近2000单，非常不错。扣除之前的房租和其他开支，还有盈利。

小记者：感谢你能在百忙之中抽出时间接受采访。最后你想要对大学生们说些什么呢？

白同学：书山有路勤为径，学海无涯苦作舟。不管做什么事情，都要以学和勤作为自己的动力，这样自己这条小船才能划得更远。

**思考：** 1. 你认为白同学有哪些创业能力？

2. 你认为如果要创业的话，你还缺乏哪些能力？计划如何提高？

# 第三节 了解文化，走进文创

**深入挖掘中华优秀传统文化蕴含的思想观念、人文精神、道德规范，结合时代要求继承创新，让中华文化展现出永久魅力和时代风采。**

——习近平 中国共产党第十九次全国代表大会报告

近年来，随着人民物质生活水平的不断提高，对精神文化的要求也越来越高。文化创意产业作为一种新兴的产业形态，是现代经济的重要组成部分，作为重点发展的八大支柱产业之一，文化产业充分发挥了其独特优势，为加快经济发展方式转变，保持经济平稳较快发展提供了重要支撑，成为满足人民群众更高层次精神文明需求的重要途径。

习近平总书记在庆祝中国共产党成立 95 周年大会上的讲话中指出：文化自信，是更基础、更广泛、更深厚的自信。在 5000 多年文明发展中孕育的中华优秀传统文化，在党和人民伟大斗争中孕育的革命文化和社会主义先进文化，积淀着中华民族最深层的精神追求，代表着中华民族独特的精神标识。

文化是基础，创意是核心。文创是文化创意产业简称，英文是 Cultural and Creative Industry，或 the Cultural and Creative Industries，文化创意产业，顾名思义是结合了文化及创意的产业。

随着经济科技的迅猛发展，以新媒体发展为依托的文化创意产业成为新兴发展领域。大学生是新媒体创意人才的源泉，他们拥有文化热情和生活激情，并使之紧密相连。带动全社会文化创意产业的发展，要以培养大学生科学艺术修养为主要路线，从大学生和校园文化氛围入手，激活社会年轻的细胞，带动全社会文化创意产业的发展；引起大学生对文化创意产业、新媒体及个人科学艺术修养的充分重视；培养大学生的科学艺术修养，激活社会年轻的细胞，为文化创意产业发展注入新鲜的血液。

## 一、文化创新意识的形成

### （一）行以致知

1. 活动主题：何谓文化？你的家乡文化是什么？

2. 活动目的：通过讨论认知文化概念，分享各自家乡文化，加深学生对家乡的了解和情感。

3. 活动形式：小组讨论（每组 5~7 人为宜）。

4. 活动时间：15~20 分钟。

5. 活动准备：每人 1 张 A4 白纸、1 支水笔、1 套彩色笔。

6. 活动步骤：

1）请小组内每位同学在纸上罗列所认知的家乡文化，并在组内进行简述和讨论。

2）请每个组派代表讲述他们认为最有特色的文化（可以搭配手绘插图）。

3）学生互评，教师点评。

### （二）案例导入

#### 从几米漫画到几米生活

几米，原名廖福彬，是中国台湾著名的绘本画家。他的作品《向左走，向右走》《地下铁》（见图 1-8）等作品出版发行后，迅速受到当代年轻人的追捧，开创出成人绘本的新形式。他的作品风靡华人圈，美、法、德、希腊、韩、日、泰等国皆有译本，同时他的多部作品也被改编成影视剧，形成“几米现象”和“几米潮流”。

文化创意品牌的核心价值要求文化产品的创作者能用承载自己体悟的作品不断引发目标市场的认同与共鸣。几米的作品传达的都是都市间的疏离感，他的作品既广且深，既有创作者独特的自觉性思维，又非常平易近人。在此架构下编织的全球性又有地方特色的创作，可以让各地的读者在阅读后都产生共鸣。几米作品的这种文化感染力成为几米品牌的存在根本，是品牌确立的核心价值。

几米品牌的打造主要出自墨色国际公司。几米品牌跟设计师、品牌、设计公司合作，根据系列漫画推出系列产品，如图 1-9 所示的《向左走，向右走》系列文创产品，包括图书、家具、服装等。跨界邀请不同行业的设计师或者创业者，通过他们的创造，增加几米品牌的深度和广度。以几米文化为基础的几米品牌在墨色国际的打造下，更多地进入了大众的视野，成为国内著名的文创品牌。

图 1-8　几米漫画作品

图 1-9　几米《向左走，向右走》系列文创产品

**思考：** 几米的文化创新之路是如何形成的？文创的基础是什么？

## （三）知识探索

### 1. 文化的定义

所谓文化，中外学者对此有不同的理解。文化一词，最早出自《周易·贲卦·彖传》“观乎人文，以化成天下”，意思是在不同的时代凝聚价值观，融化人心，化育行为，强调的是文而化之。而美国文化人类学家克罗伯·克拉克认为，文化由外线的和内应的行为模式构成，这种行为模式通过象征符号而传递；文化代表了人类群体的显著成就，包括他们在人造器物中的体现；文化的核心部分是传统观念，尤其是它们所具有的价值；文化体系一方面可以看作是活动的产物，另一方面则是进一步活动的决定因素。

在西方，“文化”一词源于拉丁文“culture”，原意为耕作、培养、教育、发展和尊重。在中国，“文”的本义是各色交错的纹理，有文饰、文章之义。东汉许慎的《说文解字》称：“文，错画也，象交文。”其引申为包括语言文字在内的各种象征符号，以及文物典章、礼仪行为等。“化”的本义为变易、生成、造化，所谓“万物生化”，其引申义则为改造、教化、培育等。

文化的解释非常多，世界各地学者对“文化”的定义有 160 种。汉语词典对文化一词的定义为：人类在社会历史发展过程中所创造的物质财富和精神财富的总和。

### 2. 文化的分类

文化的类别特别多，按照不同分类标准有不同的结果。

（1）雅文化和俗文化

1）雅文化是在人类活动以及劳动过程中，产生的以“高雅、典雅、幽雅、儒雅”为显著特点的文化，也可以称为文人文化。例如，澄心堂纸作为中国古代的一种极其珍贵的宣纸产品，其制作工艺十分讲究，“肤若卵膜，坚洁如玉，细薄光润，冠于一时”，从南唐到北宋，一直被公认为最好的纸，常用来进行书画创作，代表了当时的一种雅文化。

2）俗文化其实就是通俗、大众化的文化，是人们日常生活中的文化，也就是民间文化。当宣纸作为剪纸的载体变为红色之后，其制造工艺变得没有那么复杂，逐渐民俗化，百姓们逢年过节均用来剪窗花、剪喜字，成为人们生活中的文化，即俗文化。

（2）物质文化和非物质文化

1）物质文化是指为了满足人类生存和发展需要所制造的物质产品及其所表现的文化，包括饮食、服饰、建筑、交通、生产工具、乡村、城市等，是文化要素或者文化景观的物质表现方面。

物质文化遗产又称为有形文化遗产，即传统意义上的文化遗产。根据联合国《保护世界文化和自然遗产公约》规定，物质文化遗产包括历史文物、历史建筑、人类文化遗址。

①历史文物：是指从历史、艺术或科学的角度来看具有突出的普遍价值的建筑物、碑刻、雕塑、书籍、书法、绘画，以及具有考古性质成分的结构、铭文、洞窟和联合体。

②历史建筑：是指从历史、艺术或科学的角度来看在建筑式样、分布均匀，与环境景色结合方面具有突出的普遍价值的单立或连接的建筑群。

③人类文化遗址：是指从历史、审美、人种学或人类学的角度来看具有突出的普遍价值的人类工程或自然与人联合工程，以及考古地址等区域。

2）《中华人民共和国非物质文化遗产法》规定：非物质文化遗产是指各族人民世代相传，并视为文化遗产组成部分的各种传统文化表现形式，以及与传统文化表现形式相关的实物和场所。非物质文化特指非物质形态的、具有艺术价值或历史价值的文化。包括：

① 传统口头文学以及作为其载体的语言。

② 传统美术、书法、音乐、舞蹈、戏剧、曲艺和杂技。

③ 传统技艺、医药和历法。

④ 传统礼仪、节庆等民俗。

⑤ 传统体育和游艺。

⑥ 其他非物质文化遗产。

（3）器物文化、行为文化和观念文化

1）器物文化是指物质层面的文化，是人们在物质生活资料的生产过程中所创造的文化内容，包括衣食住行等方面。如汉族传统服饰，有3000多年历史的中国传统拨弦乐器古琴等。

2）行为文化是指制度层面的文化，它反映人与人之间的各种社会关系，以及人的生活方式，如传统节日的各种习俗：贴春联、中秋赏月、重阳登高等。

3）观念文化是指精神层面的文化，以价值观或者文化价值体系为中心，包括理论观念、文化理想、文学艺术、伦理道德等，如家训文化等。

（4）饮食文化、服饰文化、建筑文化、地域文化等

1）饮食文化，“民以食为天”，中华饮食文化博大精深，源远流长，极具特色。

2）服饰文化，衣食住行是日常生活中最重要的四件事，衣排在首位，而最能代表中国传统服饰文化的就是汉服。

3）建筑文化，中国传统建筑反映了中华民族的居住方式，有着自己独特的体系和特点，与西方建筑和伊斯兰建筑并列为世界三大建筑体系。

4）地域文化，是文化在一定的地域环境中与环境相融后形成的一种独特的文化。文化中最有代表性的便是方言，方言是一方水土所创造的语言文化，所以通过方言可以了解不同的地域文化和民俗现象。

### 3. 中国传统文化

中国传统文化是中华文明不断演化并汇集成的一种反映民族特质和风貌的民族文化，体现了中华民族历史上各种思想文化、观念形态的总体特征，具体是指居住在中国境域内的中华民族及其祖先所创造的传统优良文化。简单来说，中国传统文化就是通过不同的文化形态来表现的各种民族文明、风俗、精神的总称。

中国传统文化具有以下特征。

1）世代相传。中国传统文化在不同的历史时期或多或少地有所改变，但是大体上没有中断过，变化不大。

2）民族特色。中国传统文化是中国特有的，与世界上其他民族的文化不同。

3）历史悠久。中国传统文化具有五千多年的历史。

4）博大精深。博大是指中国传统文化的广度，精深是指中国传统文化的深度。

4. 创意的定义

创意是什么？创意最基本的含义就是创造性的主意，也就是通常说的好点子。它是对传统的叛逆，是打破常规的哲学，是破旧立新，是思维碰撞后得出的创造性想法，是不同于寻常的解决方法。

创意作为实现文化价值的主导力量，其最大的意义在于对文化的转化；它将文化以有趣的、能被人欣然接受的方式进行传达，使文化得到传承。

5. 文化创意的定义

"文化创意"是在既有的文化中，加入每个国家、族群、个人等的创意，赋予文化新的风貌与价值。文化创意产业，顾名思义是结合了文化及创意的产业。是一种新兴产业，产品附加值高，有很大的创造财富和就业潜力，也是当代大学生自主创业占比较大的类型之一。

6. 文化创意产业的发展和相关政策

借鉴世界各国文化创意产业的分类，根据我国的行业划分标准和现状分析，文创产业主要包括以下几类：广告；建筑设计；电影、电视、音乐等艺术创作；时尚设计；网站软件开发；书籍创作及出版；艺术表演等。

在文化事业领域不断进行社会化、市场化和产业化的大背景下，中央层面持续出台相关政策推进文化体制改革，1991年，文化部发布《文化部关于文化事业若干经济政策意见的报告》中正式提出了"文化经济"概念，自此文化事业领域的发展受到人们重视。

此后，在党的十六大报告、十七大报告、二十大报告中都明确指出了文化产业的重要性，提出了"积极发展文化事业和文化产业""文化生产力"和"文化软实力"等概念和口号。

2014年2月国务院印发《国务院关于推进文化创意和设计服务与相关产业融合发展的若干意见》，从战略层面上将"设计和创意产业"整合在一起。

2014年8月，国务院办公厅发布《关于推动特色文化产业发展的指导意见》，提出到2020年，基本建立特色鲜明、重点突出、布局合理、链条完整、效益显著的特色文化产业发展格局，形成若干在全国有重要影响力的特色文化产业带，建设一批典型带动作用明显的特色文化产业示范区和示范乡镇，培育一大批充满活力的各类特色文化市场主体，形成一批具有核心竞争力的特色文化企业、产品和品牌。

2015年10月，《中共中央关于制定国民经济和社会发展第十三个五年规划的建议》中首次提出了“创意文化产业”的概念，并提出了“文化产业成为国民经济的支柱性产业”的目标。

2016年3月，“大力发展创意文化产业”被正式写入了“十三五”规划纲要中。

《中国文化产业年度发展报告2020》（以下简称《报告》）是由北京大学文化产业研究院和国家文化产业创新与发展研究基地发起，联合国内文化产业领域众多研究者共同编撰的。《报告》梳理了2019年度十大产业关键词，即文旅融合、数字文产、5G+文化、AI科技赋能、区块链技术、文博文创、夜间经济、城市品牌、文物保护和创意产业园区。《报告》以突出核心内容生产环节，兼顾外围产业环节为原则，围绕文化行业的14个行业进行分析，包括出版发行业、广播电视业、电影业、演艺业、文化旅游业、艺术品业、工艺美术业等，也预测了2020年度文化产业发展十大趋势。在数字技术和各级政策推动下，文化产业作为新产业、新业态、新商业模式的发展重点赋能各行各业，“文化+科技”“文化+旅游”“文化+创意”“文化+服务”“文化+金融”等呈现出全新的发展格局。我国从Web时代的追赶者奋斗成为移动互联网时代的变革者，紧跟着数字时代的发展脚步，踏上了文化产业变革的征程。

党的二十大报告指出“推进文化自信自强，铸就社会主义文化新辉煌”强调“实施重大文化产业项目带动战略”。

### （四）格物致知

**传承婚庆文化，铺就十里红妆——向同学的“十里红妆”梦**

“待我长发及腰，少年娶我可好。待你青丝绾正，铺十里红妆可愿。”这是古时每个女儿的心愿，出嫁这天，嫁妆的队伍从娘家出发，浩浩荡荡，绵延数十里，故称之为十里红妆。

某高职院校艺术设计学院2019届毕业生向同学在大一学院创业比赛中就用“十里红妆”项目开启了他的创业之路。项目以中国江浙一带婚嫁习俗文化为主线，以“将老物件做新”为宗旨，主营婚庆文化创意产品定制，设计具有中式特色的包装，主要产品有婚礼伴手礼、喜糖礼盒、喜帖、席位卡、签到本等。

从参加校赛到毕业后一年，向同学一直不断研究江浙婚庆文化，参观考查各地婚庆习俗和相关博物馆，这奠定了他创业的文化基础，使他能够多角度、多方面地考虑创业项目的实际性和可实施性。2020 年 11 月，向同学在宁波和朋友一起创立了象山童话镇婚礼策划工作室，近半年来公司运行稳定，为 10 余对新人举行了中国传统婚礼的策划和执行，客户评价很高，公司业务逐渐稳定。向同学秉持一颗对中国传统婚庆文化的热爱之心，坚持不懈，终于梦想成真。

**课后练习**

根据今天的课程学习内容，分别从不同的分类方式中选择你熟悉或者感兴趣的文化进行深入了解，将你调研的情况制作成文案（或者 PPT）在下次课程中简单阐述分享给大家。

（1）□ 雅文化　□ 俗文化

（2）□ 物质文化　□ 非物质文化

（3）□ 器物文化　□ 行为文化　□ 观念文化

（4）□ 饮食文化　□ 服饰文化　□ 建筑文化　□ 地域文化

## 二、文化创新思维的养成

### （一）行以致知

1. 活动主题：选择从外形和图案、行为和过程、精神和意境其中一项，作为文化载体的创意方式，以茶文化为主题，设计一件文创产品。

2. 活动目的：通过集体研讨，从外形、图案、行为等途径来表现创意文化，寻找合适载体，激发学生的创意能力。

3. 活动形式：小组讨论（每组 5~7 人为宜）。

4. 活动时间：20~30 分钟。

5. 活动准备：每组 1 张 4K 白纸、1 套水彩笔。

6. 活动步骤：

1）请小组内每位同学在纸上罗列茶文化可开发创意的文创产品，并在组内进行阐述和讨论。

2）请每个组派代表讲述一个最佳方案。

3）教师点评。

## （二）案例导入

**故宫文创产品热销**

古老的故宫在近年来频频涉足年轻化的营销尝试，立足传统，挖掘创意元素，贴近生活，延伸产业链，然后玩跨界＋新媒体，整合营销传播彻底“飞”起来。一方面，传统东方美学的回归给文创产业带来了商机，从故宫口红（见图 1-10）到故宫猫（见图 1-11），均受到了广大青年的热推和追捧。

图 1-10　故宫与润百颜创意合作的故宫口红系列

图 1-11　故宫文创——故宫猫系列之故宫猫杯

故宫可以说是中华民族文化遗产的重要载体，也是中国传统文化的典型象征。故宫体现着中国人对自身文化的强烈认同，这是故宫品牌和文创产品能成为消费热点的重要基础。但是，文化价值的认同并非仅仅是对故宫作为中华传统文化典范的历史价值的认可，以及作为中国传统历史文化符号的象征性意义的推崇，更重要的是对其传统文化价值做出当代转化，形成与当代中国文化价值相协调的时代适应性的认可。

**思考：**故宫的文创产品为什么会受到广大青年的热捧?

## （三）知识探索

选择你感兴趣的文化，思考该文化，构思创意，定位你的文创起点。

### 1. 思考文化

文化是一种意识形态，是形而上学的。对于传统文化的应用实际上是对意识形态的物质化，通过可视化的形态和创造性的思维，最终用产品的形式予以表现出来。

外形和图案、行为和过程、精神和意境，这三者都是文化的表达方式和应用的形式，思考文化应用形式的同时就要思考合适的文化载体。

对于文化元素依旧要进行深入的思考，再为其找到合适的载体，这也决定了文创产品文化内涵的高低和创意的优劣。

2. 构思文化的应用

对于文化元素的思考，首先要对其文化元素应用的形式进行确定。例如，以中国传统剪纸为例，如图 1–12 所示，剪纸图形所衍生的服装图像应用，是对剪纸的精神和意境的体现，而服装就是剪纸的外形和图案应用的载体。

图 1–12　剪纸元素在服装上的应用

（1）外形和图案

相对而言，外形和图案的应用是对载体附加文化元素较容易的一种方式，例如大家常见的文创产品冰箱贴、帆布袋、明信片、笔记本、休闲服饰类等载体都是较好的选择。但同样的外形和图案应用，在与不同载体结合的设计过程中，也会因创意的不同产生截然不同的效果。

以大家熟悉和常见的剪纸元素为例。剪纸是一种镂空艺术，是流行的民间艺术，在视觉上给人以透空的感觉和艺术享受。图 1–13、图 1–14 所示的剪纸元素文创产品，其中第一款是将剪纸图形绘制在茶杯上，第二款是书签，依照剪纸图形直接刻制而成。相比之下，简单将图形绘制在茶杯上不能完全体现剪纸的透空和精致的剪切技艺，而书签以剪纸的图形外轮廓为形状，较好地体现了剪纸镂空的美感和精细的工艺技术，在质感和美感上均优于第一款文创产品。

图 1–13　剪纸元素文创产品——茶杯

图 1–14　剪纸元素文创产品——书签

我们要提炼的是文化元素的外形和图案，但在应用方式上不能一味地平铺贴图，而要利用材质和工艺，让载体的形式创意无限，提升文化元素的内涵。

（2）行为和过程

第二种文化元素的应用形式是行为和过程，寻找文化与载体在操作上的相似性，并由载体再现这种行为和过程，从而让用户感受文化元素本身包含的内容。

川剧变脸是四川一绝，也是中华艺术的瑰宝，名扬四海，享誉全球。2012年一款会变脸的玩偶，在成都各大景点掀起了一股新奇浪潮，来成都旅游的朋友也多半会把川剧变脸娃娃（见图 1–15）当作必买的纪念品之一。轻碰一下它的帽子，“叭”的一声，转眼间娃娃就变了一次脸。几乎每个川剧变脸娃娃都可以变出喜、怒、哀、乐四种表情。这种可变化的文化元素再创造，凸显了变脸的文化特色，新颖可爱，也为趋同化的旅游工艺品市场带了一股新风尚。

目前市场上还有很多很多“中国风”游戏，采用民俗习惯、服饰造型、特色建筑等元素来丰富游戏内容，提升游戏文化内涵。如有一款以抽签为形式的真心话大冒险的游戏玩具（见图 1–16），就是一种应用文化行为和过程方式的典型案例。游戏玩具通过传统摇签方法，以签筒和签牌作为形式，签筒还被分为上上签和下下签等各个级别，让参与游戏的人们体验了传统的摇签活动。

图 1–15　四川特色文创——川剧变脸娃娃

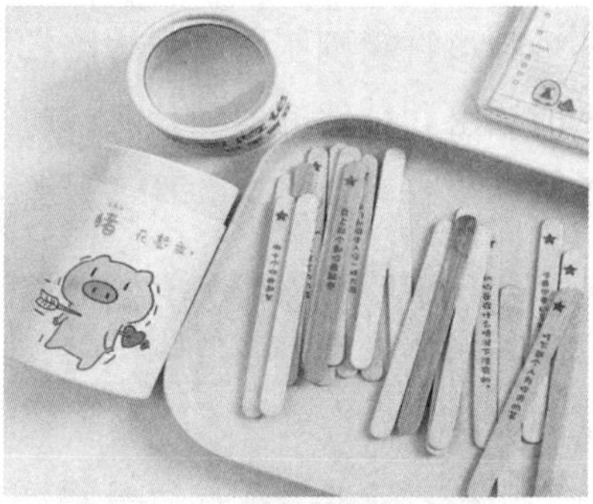

图 1–16　签筒文创产品

（3）精神和意境

精神与意境是文创产品传达文化元素的最高境界。这不仅是对设计师文化修养的考验，也是对其能否正确表达中国传统审美的一种考验。只有当文创产品能够充分表达出文化的深层次精神和意境，才能让用户对其表达的内容心领神会，产生情感上的共鸣。

与用户产生情感共鸣，需要文创产品具有能够引起回忆的文化元素，这种元素不一定有具体形态特征，但一定是由形态元素指代的有着特定内涵的民俗文化或情境，因此，表达文化的精神与意境时，借助情感设计是较好的方法。例如每个城市、乡村都有自己的风俗和民俗文化元素，每种文化元素又有着自己独特的气息。

情感设计作为一种中间语言，可以在文化元素和载体之间找到契合点。它之所以可以作为一种中间语言，是因为它跨越了空间和时间的障碍，尽管它近年来才被人们系统地提出，但是它并不是某个特定时代的产物。情感设计是以人与物的情感交流为目的的创作行为活动。设计师要通过对产品的颜色、材质、外观、点、线、面等元素进行整合，使产品可以通过声音、形态、寓意、外观形象等各方面影响人的听觉、视觉、触觉，从而产生对应文化元素的联想，达到人与物的心灵沟通并产生共鸣。所以，载体并不是确定的物品，只是一个具有某个或某些功能属性的物品。

情感设计是文创设计的一种合适的工具，促使文创产品在传达文化的同时更贴近和考虑用户的心理感受，以达到传承文化的目的。

### （四）格物致知

**从蓝莲花开到枸杞岛渔文化民宿——旅行社 2016 级夏同学的民宿创业**

夏同学因特别喜欢旅游行业，高考志愿直接选择了旅行社经营与管理专业。在大二时就通过了导游证考试，她通过几个月的导游实习，组织能力、领导力、应变能力提升不少。怀着对民宿的美好向往，来到杭州民宿集中地——青芝坞，这里有在杭州开了五家的“蓝莲花开”连锁民宿。“西湖胜绝，有栖云楼观，蝉空丘壑”，这幅景象穿越一千年的时光，从宋代移至今时，湖山胜景依然不变。蓝莲花开以西湖文化为切入点，结合青芝坞的文艺气息，是小众文艺青年喜爱的聚集之地。

民宿是对生活的一种态度，让来此住宿的旅客可以从民宿的陈设风格、服务特色来感受到民宿主对生活的热爱，以及对当地生活的感想感思。在实习期间，店里线上运营、订房销量、门店线下管理、院内的一花一草都得自己打理，在民宿的实践经验让夏同学不断成长，在此期间，夏同学因民谣、民宿结识了男朋友，爱情的力量让她有勇气毅然决然辞去了杭州的工作，搬到舟山的东部小岛枸杞岛，和男朋友一起创业。枸杞岛是自然海岛，景色优美，沙滩，吊椅，丛林，海天一色，以带鱼为主的海产品丰富，靠海而形成的渔家文化丰富。夏同学深入挖掘当地文化特色，以渔民画和以带鱼为主的海产品饮食文化特色为切入点，创建了渔家民宿。在岛上一年时间，他们通过管理好传统的OTA平台，收割了一波新媒体的流量。通过不断摸索和时间的沉淀，他们的民宿已经成为年轻人的网红打卡地。创业成果让夏同学对未来充满激情和梦想，她计划来年在舟山嵊泗县东部小岛中最开始火起来的网红小岛——花鸟岛再经营一家酒吧餐吧的综合体……

**课后练习**

活动形式：采访调研

活动主题：采访一位成功创业的文创产业人，了解一下他的创业历程。

活动时间：30分钟。

活动步骤：

1）请每位同学找寻和发现身边的文创人。

2）采访调研创业者的创业历程

3）教师抽取2~3个人在班级内进行分享。

## 三、文化创新能力的培养

### （一）行以致知

1. 活动主题：根据图1-17所给出的三个分支对你选定的文化元素绘制思维导图。（没有确定文化元素的同学，可以从杭州特色西湖文化出发，去同步思考文化表达方式，应用形式和载体进行表达。）

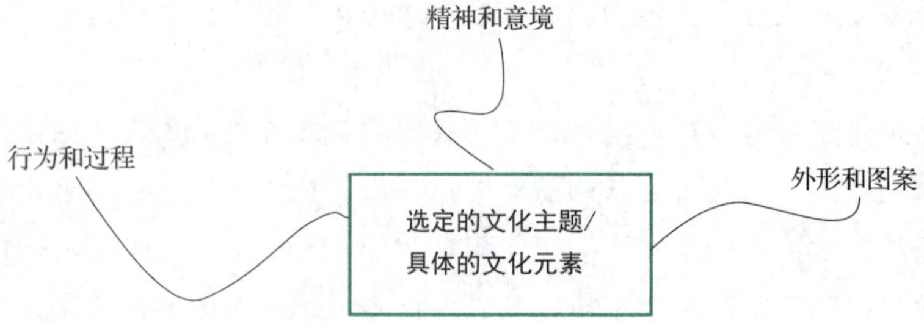


图1-17　文化元素思维导图

2. 活动目的：通过绘画思维导图，让学生将其创新意识进行发散，并将文创及延伸元素串联起来。

3. 活动形式：构建思维导图（每组 3~5 人为宜）。

4. 活动时间：20 分钟。

5. 活动准备：每组 1 张 4K 白纸、1 套水彩笔。

6. 活动步骤：

1）通过小组讨论选定文化主题。

2）小组头脑风暴讨论。

3）尝试构建思维导图。

4）小组汇报，教师点评。

### （二）案例导入

**一抔陶土守繁华——重庆 90 后夫妻结合陶文化打造乡村游**

一花一世界，往往是生活在城市中人所向往的境界。耐得住寂寞，才守得住繁华。2014 年毕业于四川美术学院（以下简称“川美”）的小伙管永双和妻子李云杉，毕业后毅然来到重庆荣昌区，扎根在农村，专心制作陶艺，一茶一陶土，不爱喧嚣，爱静怡，隐居在荣昌通安村，与当地村民一起以陶文化为基础，走出一条乡村旅游与乡村文化融合的特色路。

还在川美上学时，管永双就跟随老师到荣昌采风学习，第一次来就被上好的陶土吸引。“我是工艺设计陶瓷专业的，这里的陶土我认为是最好的，能做出上等的陶瓷作品。”管永双告诉记者，因为这一抔陶土，毕业后他毅然决定到荣昌来。开始是在一家制陶厂做设计，一年后有了一些积蓄，小两口决定到农村租民居，自己造窑做陶。为了造窑，两人花光了所有钱，最窘迫的时候，把存钱罐砸了，一角一块的硬币加起来，不到 100 元钱。

依靠父母的帮助以及向政府申请的大学生创业资金，窑造出来了。他们开始每天做陶、设计、品茶。“做陶的过程不难，最累的是烧。因为 72 个小时，必须有人守着。很多时候我们就在墙边小憩一下，不敢离开。”管永双说，做出来的作品就拿去参加展会，最开始因作品忽略了实用性，销售不佳。调整设计后，他们带了上百件陶瓷到深圳参加展会。不到一个平方米的位置，有很多人来买，甚至有一个老板很喜欢他们的作品，会展结束后没卖完的作品他全要了。这一次展会让他们信心大增。回到荣昌后继续制作陶瓷，拓展思路，结合乡村旅游共同发展。在安富街道、通安村委的大力支持下，管永双夫妇借助村里发展文旅的大好机会，充分利用安富本土的文化符号——陶，以当地陶文化为切入点，通过策划包装设计，形成了特色的陶文化品牌，开发系列特色文化旅游产品，因村制宜，彰显了乡村自然美和人文美的文旅之美。

**思考：**这对90后青年夫妇是如何形成他们特有的陶瓷品牌的？

## （三）知识探索

### 1. 文化创新能力的培养在于“勤观多思”

“观”文化的能力决定了文创产品文化维度的高度，即产品包含的文化内容；“观”客观决定了文创产品的产品维度，即产品是否符合市场需求。而“思”的过程决定产品的“创意”，即产品是吸引人的，不但有新意，也有一定的审美。这就要求设计者具备一定的文化素养、敏锐的感受能力、一定的发明创造能力、较高的审美水平以及基本的表达能力。所以，有效地阅读书籍，多看多想，才能做到积沙成塔，进而提高自身的文化修养和审美水平；唯有日积月累地练习，才能提高表达能力，从而将自己的理念准确地表达出来。

（1）积累文化素材

文化素材的积累内容主要分为文字资料和图片资料两个部分。俗语讲，“读万卷书，行万里路”，这里的文字资料主要指各类文化主题的书籍，也需要平时不断地考察、观察各地风土人情，了解地域文化。各地的博物馆、文化馆是最佳场所，可以让我们近距离集中性地对当地文化有整体的了解和掌握；在各地特定文化的建筑、遗迹景区中，也都能看到不同主题的文化元素，记得随时随地用图片将它们记录下来。

（2）积极提高审美水平

美是文化的一种体现形式，想要提高审美水平，通过积极的学习是可以实现的。每人对于美的感受和对美的判断本来就是很主观的，阳春白雪是美，下里巴人也是美；青花瓷瓶是美，东汉的铜奔马是美，憨态可掬的泥塑娃娃也是美。所以在提高审美水平之前先要明确什么是美。

美，是一个会意字，如图1-18所示。金文字形，从羊，从大，本义是肥美。古人养羊肥大者，把羊养肥了再吃，指代很好吃，味美。另外，羊是象形字，象征人佩戴羊角、牛角，古人认为这样很美。美的基本形态包括艺术美和现实美、外表美与内在美。美，不仅要表面美，还要心灵美，这样才算真正的美，美通常指使人感到心情愉悦的人或者事物。

图 1-18　美的字体变化

了解了美的内涵之后，再看看审美的定义：审美是人所进行的一切创造美和欣赏美的活动。作为文化创业者，了解文化美的内涵，提升审美能力，才能给消费者带来美的精神享受。

2. 培养文化创新能力的常用方法

（1）头脑风暴法

“头脑风暴”多指无限制的自由联想和讨论，其目的在于产生新观念或激发创意设想。

群体成员心理相互作用影响，容易屈于权威或大多数人意见，所以会形成所谓的群体思维。群体思维削弱了群体的批判精神和创造力，损害了决策的质量。为了保证群体决策的创造性，提高决策质量，人们在管理上便发展了一系列改善群体决策的方法，头脑风暴法就是较为典型的一个。

运用头脑风暴法，给定中心词，充分利用发散思维联想一切自己感兴趣或者好玩的文化元素，将联想到的关键词记录下来，之后进行分析和整理工作。

采用头脑风暴法组织群体决策时，要集中有关专家召开专题会议，主持者以明确的方式向所有参与者阐明问题，说明会议的规则，尽力创造融洽、轻松的会议气氛。主持者一般不发表意见，以免影响会议的气氛，由组员自由提出尽可能多的方案。

（2）思维导图法

思维导图是一种视觉表达形式，展示了围绕同一主题的发散思维与创意之间的相互联系。研究思维导图，从中找出各个想法之间的关系，可提出解决方案。设计师可以通过思维导图将主题所有相关因素和想法视觉化，将对主题的分析结构化，如将主题的名称描写在空白纸上，并将其圈起来，再对主题进行头脑风暴，绘制从中心向外发散的线条，并将自己的想法标在不同的线条旁，可以根据需要在主线上增加分支。茶文化博大精深，茶也是一种精神和意境，如图 1–19 所示，我们要讨论和思考的主题是茶叶，那么可以从茶的外形、图案等延伸发展去开发茶叶图形或形状的文具、日用品、餐具、茶具等；从茶叶的特色，可以延伸发展为 DIY 采茶、制茶，可以考虑自创下午茶等形式和活动。由此也可以衍生出茶具的设计要求、茶道、器皿、空间设计等。还可以使用一些额外的视觉技巧，如用不同颜色标记几条思维主干，用圆形标记关键词语或者出现频率较高的想法，再用线条连接相似的想法。

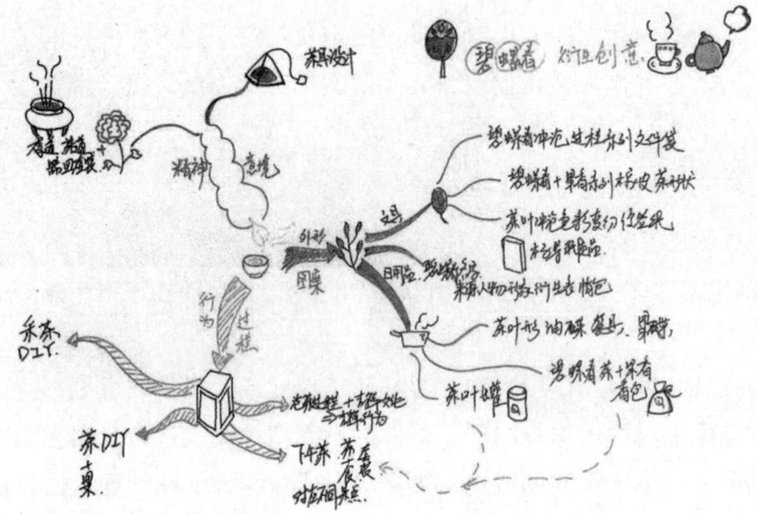


图 1–19　茶的思维导图

## （四）格物致知

### “传播学校文化，成就教育理想”——视方广告创业案例

某高职院校艺术设计学院 2012 届毕业生陈同学创办的杭州视方广告有限公司是学校创业园里的一家“明星”企业。他在校时是艺术设计学院学生社团尚艺平面设计工作室“第一代掌门人”，创业的想法在那时就萌发在心中，经过创业学院的 SYB、KAB、模拟公司等系列培训，他对创业理论有了系统的了解，在社团工作中，他将所学创业知识运用于实践，经过一系列社会锻炼，陈同学的创业信念更加坚定，这也为他成功创办广告公司奠定了扎实的基础。

2012 年，他注册成立杭州视方广告有限公司，公司致力于对企业文化、地域文化的研究提炼，以品牌形象设计、对外展会的设计施工等为主营业务。公司注册当年就完成了当地妇幼保健医院与社会福利中心的整体视觉形象设计，获得社会一致好评。

随着公司业务发展，对未来也有了更加清晰的规划。公司专门建立一支团队从事校园整体形象的设计规划，这是国内为数不多的专业从事学校校园整合品牌文化建设的企业，是当地首家从事学校文化整合建设暨“策划 - 设计 - 施工”一体的专业机构，其设计作品如图 1-20 所示。经过两年多的努力，公司为当地近 8 家学校进行了校园文化建设，整合了一支具备实战经验的年轻团队，包括教育品牌策划师、平面和室内设计师、国家注册建筑景观工程师、资深音乐人、雕塑家。企业立足当地，坚持“一校一品，推进教育发展的使命”和“传播学校文化，成就教育理想”的目标，专注于中国幼儿园及中小学学校文化的全案建设，为每一所学校量身订造，寻根找魂。

图 1-20　视方设计作品——主题走廊文化和室内空间设计

## 课后练习

利用头脑风暴法产生新想法。

（1）活动主题：头脑风暴法训练。

（2）活动目标：通过头脑风暴法训练游戏，掌握创新思维训练的规律。

（3）活动时间：20 分钟。

（4）活动步骤：

步骤一：划分小组，采用随机的方式进行分组，每组 6 ~ 8 人为宜。每个小组选出主持人和记录员。

步骤二：每个小组在以下三个议题中选择一个。

1）设计一种体现学校校园文化的 T 恤。

2）设计一种体现学校文化的文具产品。

3）开一家以船文化为特色的主题餐民宿。

根据所选的议题，组织头脑风暴会。

步骤三：将会上所有的设想都记录下来，留待后续做创意设计时参考。

02 CHAPTER TWO

# 第二章 创业准备

## 第一节 商业模式与创业计划书

"抓好落实，我们的事业就能充满生机；不抓落实，再好的蓝图也是空中楼阁。"

——习近平《浙江日报》"之江新语"专栏

### 一、设计商业模式

#### （一）行以致知

1. 活动主题：日常生活中的商业模式类型。
2. 活动目的：让学生能够仔细观察和思考生活，培养创业意识。
3. 活动形式：小组讨论。
4. 活动时间：15 分钟。
5. 活动准备：纸、笔。
6. 活动步骤：

1）让每位学生尝试写出 3 个以上日常生活中接触到的商业模式类型。

2）分享并讨论。

#### （二）案例导入

**拼多多，一款拼团购物软件**

拼多多创立于 2015 年 4 月，是上海本土成长的互联网企业。

生于移动年代，拼多多以农产品零售平台起家，深耕农业，开创了以拼为特色的农产品零售的新模式，逐步发展成以农副产品为鲜明特色的全品类综合性电商平台，是全球具备规模的纯移动电商平台。

作为新电商开创者，拼多多致力于以创新的消费者体验，将“多实惠”和“多乐趣”融合起来为最广大用户创造持久的价值。

拼多多于 2018 年 7 月在美国纳斯达克上市（NASDAQ：PDD）。截至 2021 年 6 月，平台年度活跃用户数达到 8.499 亿，商家数达到 860 万，平均每日在途包裹数逾亿单，是全世界最大的农副产品线上零售平台。

拼多多凭借其独特的社交电商拼团模式，在竞争激烈的电商市场中脱颖而出，实现了快速盈利。其成功的关键在于不断创新和优化商业模式，提升用户体验和运营效率。

**思考：**拼多多的商业模式是怎么样的？

## （三）知识探索

### 1. 商业模式的内涵及其本质

（1）商业模式的基本内涵

商业模式是企业为了获得利益最大化，围绕企业运行的内外要素所构建的具有一定核心竞争力的企业运营系统。其核心是价值创造，即用来描述企业如何发现价值、创造价值、传递价值和获取价值的基本原理。同时，商业模式十分注重客户价值，企业所有的活动与目标的实现，都是围绕为客户创造价值来开展的。

（2）商业模式的本质特征

从商业的本质来看，商业模式的本质应该是企业可持续盈利的交易结构。商业模式也是一套完整的交易体系，它决定了企业的生存与发展，有持续竞争力和持续赢利点的商业模式能够为企业提供源源不断的发展动力。

（3）商业模式的内在结构

商业模式主要由四部分构成：一是产品或服务；二是客户界面；三是管理构架；四是财务表现。围绕这四块内容，又细分为价值主张、客户细分、核心资源、渠道通路、客户关系、关键业务、合作伙伴、成本结构、收入来源九个方面。这九个方面是创业项目的核心内容。

2. 商业模式的类型及其特征

伴随着全球经济一体化以及近些年互联网经济的腾飞，国内很多具有敏锐洞察力的企业家传承或创造了新的商业模式，并对这些商业模式不断加以迭代、转化，形成了具有共性基础的模式。我们对这些具有共性特征的模式进行分析、归类，希望大家能在这些商业模式中了解它们的生成原因及运作机理，为构建自身企业的商业模式提供一些思路。

从静态来看，企业必须围绕至少一个核心要素来设计自身的商业模式，即以客户、产品、服务、资源等为导向来进行设计。正是基于重心的不同才促成各类个性化的商业模式的诞生。当然，随着时间的推移，也有很多商业模式经不起历史的考验而被淘汰，这是因为社会需要进步，企业也需要成长，商业模式也在不断进化。

从动态来看，很多企业在成立初期是以产品、服务、平台、资源为内在驱动力的，但事实上，企业在其发展过程中需要经历不同层次的商业模式的迭代。因此，没有任何一个企业的商业模式是止步不前的，都是在动态中不断发展的。

（1）以客户为导向的商业模式

以客户为导向的商业模式主要基于客户至上的原则，在此基础上提供自己的产品和服务，这一类型的商业模式主要以客户的需求为风向标，即客户需要什么，我们就提供什么。例如作为车企的五菱宏光，在抗疫期间仅用时 3 天就生产出了首批 20 万只“五菱牌”口罩，从立项到生产出全自动化的“五菱牌”口罩机也仅用了 76 小时，他们的口号就是“人民需要什么，五菱就造什么”。

（2）以产品为导向的商业模式

以产品为导向的商业模式，往往更注重产品自身，主要分为以下两种类型。一是以产品研发为重心。这一类商业模式往往具备别的企业不可复制或至少在短期内无法超越的商业模式，具备独创性；二是以产品的“二次包装”为重心，即通过创新的手段，如美化、二度加工等在原有产品的基础上创新而产生的商业模式。以产品为导向的商业模式的最大特征就是要不断地更新迭代，保持自身产品的吸引力。

（3）以服务为导向的商业模式

以服务为导向的商业模式的核心就是要做好服务，因此，必须要挑战行业标准。例如很多去迪拜旅游的旅客都会特意去参观迪拜帆船酒店，而且还是付费参观，不吃不住不消费，为的就是花钱和酒店外停放的迈巴赫合影，用迈巴赫接送贵宾便是帆船酒店的服务标准。另外，海底捞的故事大家听得也很多，擦鞋、美甲、买药、看孩子等则是它的服务标准。创新与升级行业内通行的服务标准，就是以服务为导向的商业模式的关键。而提升服务标准，则必须先把团队建设好。需要注意的是，以服务为导向的商业模式，并不是仅仅以“服务”为中心而全然不顾产品的品质及客户体验。

（4）以平台为导向的商业模式

以平台为导向的商业模式的核心就是平台，这类商业模式最大的难点在于前期的生存问题。如何能在尽量少“烧钱”的前提下，获得更多的用户和平台线上的交易活动，好让平台继续活下去，这是一个很难破题且很多平台都在思考的问题。另一方面，平台需要为客户持续地提供良好的用户体验，无论是购物、社交还是旅游平台，都需要做到这一点。因此，以平台为导向的商业模式不仅需要具备以服务为导向的商业模式的标准，同时也需要具备以客户为导向的商业模式的眼光，还需要像以产品为导向商业模式那样，能够更直接解决市场的“痛点”。尤其是电商平台，绝对不是仅仅把传统零售业搬到“线上”这么简单。总之，以平台为导向的商业模式最主要的盈利点是由平台用户量决定的，用户数量规模的大小是其获利的根本。

（5）以资源为导向的商业模式

以资源为导向的商业模式的核心是对上下游资源的整合与创新。这里的资源主要是指围绕商业活动所涵盖的资本、人力资源、客户资源、人脉资源、战略资源等商业资源，主要可以细分为三个类型：一是通过跨越中间商，降低成本，同时提高效率的“跨越式商业模式”；二是通过时间或者资金上的错位而产生利润的“贯通式商业模式”；三是错位式商业模式，此类商业模式是充分结合上下游产业链的优势和劣势进行互补，像拉链一样错位搭配，形成一个全新的强有力的整体。

### 3. 各类商业模式的应用场景

（1）以客户为导向的商业模式的应用场景——“私人定制”

以客户为导向的商业模式的最典型代表就是私人定制商业模式。此类商业模式根据私人定制的角度和程度的不同，主要可以细分为三大类。

1）模块化订制。海尔公司是我国率先引入“模块化定制”概念的家电企业之一，客户可以选择从外观颜色、调温方式、容积大小、门板材质等模块来进行定制。这种定制是从客户对企业产品的需求出发，即以产品为中心的商业模式。海尔公司考虑到整个供应链的现实问题，即为每位消费者提供完全个性化的定制改造成本过高，因此对产品实行了“部分定制”，即“模块化定制”。

2）客户群定制。即通过聚集某一特定群体客户的需求，组织商家批量生产，先交定金，后拿产品，例如京东、淘宝的双11的预售活动，即属于这种形式。对于商家而言，此类型的定制风险相对较低，商家根据客户订单来采购，而且还有预售的定金作为保障。

3）参与式定制。也可称之为“菜单式定制”，即厂家完全参照顾客的个性化要求来制作产品，每一件产品都是独一无二的，满足了部分客户对产品的“苛刻要求”或不跟风的心理需求。此类“定制”顾客全程参与定制环节。然而，从国内市场来分析，目前“参与式定制”最成熟的当属首饰、鞋类、服装行业的产品私人定制。以定制首饰为例，每位消费者都可以根据手指的尺寸，以及喜欢的风格、材质进行个性化定制，这种完全个性化定制极大地满足了消费者对于美感的个性化需求。

（2）以产品为导向的商业模式的应用场景——“餐饮行业”

以产品为导向的商业模式最具代表性的就是餐饮行业的商业模式，而且颇有共性。无论是直营，连锁，还是私厨都要着重烹饪出具备自身优势的“产品”，这就是核心竞争力之一。原材料都是一样的，关键就在于做出的产品——即菜品的口碑和吸引力。那么是否所有的产品都需要创新呢？未必！杭州的东坡肉，就是一道享誉海内外的名菜，有固有的工艺和烹饪流程。所以说，并非所有的菜品都需要变化，经典的菜品就是最好的口碑，是一家餐厅的核心竞争力，随着时间的变迁慢慢沉淀为自身的餐饮文化的有机组成。另一方面，以产品为导向的商业模式，也需要对服务、品牌文化、企业战略发展的宏观考虑。

（3）以服务为导向的商业模式的应用场景——“众筹”

1）什么是众筹商业模式

众筹商业模式（Crowd - Funding Business Model），又称之为大众集资、众募或众融，事实上，也是众包（Crowd - Sourcing）的变体，是指创业项目发起人（或筹资人）在“线下”或者是“线上”，向公众发起募资的信息，线下可以通过“沙龙”，或者是路演的形式，线上主要是通过“平台”来完成。但无论是“线上”还是“线下”，筹资人都要向公众（出资人）介绍详细的项目情况，并从出资人手上获取一定的资金、资源等方面的支持。

目前来看，筹资人为了获取更多人的关注和支持，大部分的众筹项目都会选择在平台来完成，一是众筹平台需要对项目和发起人进行身份验证，可以承担一定的风险保障，二是也可以通过平台对筹资人提供一定的信息公开渠道。

2）众筹商业模式的运作机理

起初，几乎所有的资金都是由众筹平台掌握的，并不直接到达筹资人手中。项目若在目标期限内达到募资金额，则项目筹资成功，所筹资金被众筹平台划拨到筹资人账户，待项目成功实施后，筹资人将项目实施的物质或非物质成果反馈给出资人，而众筹平台则是通过接受和审核筹资创意、整理出资人信息、监督所筹资金的使用、辅导项目运营并公开项目实施成果等价值活动，从所筹资金中抽取一定比例的服务费用作为收益。如果在目标期限内未达到募资金额，所筹资金就会被众筹平台退回至出资人，项目发起人则需要开始新一轮的筹资活动或宣告筹资失败。其运作机理如图 2-1 所示。

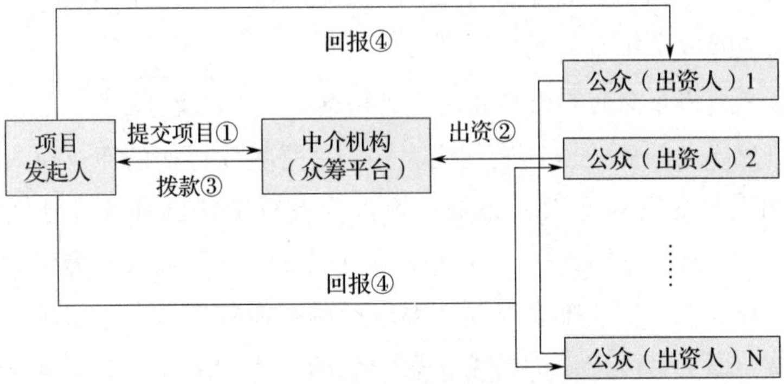


图 2-1　众筹商业模式运作机理

（4）以平台为导向的商业模式的应用场景——“O2O”

以平台为中心的商业模式的典型代表是 O2O 商业模式，其核心竞争优势就是“干掉中间商”，大大降低一系列劳动成本，从而降低价格，获取更多的客户资源。

1）O2O 商业模式的主要特征

从收益回报来看，O2O 商业模式的主要特征是前期投资期限较长，前期平台的维护与维护客户的投入较大，收益回报相对迟缓（除 P2P 理财平台外）。2008 年以前，网购还未曾像今天这般火热，但电子商务的不断发展，使如今的“双 11”已经变成一个大众时尚的购物文化节，在 B2B、B2C、C2C 等电子商务商业模式日趋成熟的同时，一种新的商业模式 ——O2O 应运而生，它以服务于顾客为主要营销目的，为商家进一步开拓市场，增加收益，同时也给广大消费者带来更多的实惠与便利。

2）O2O 商业模式的运作机理

O2O 是将线下商业机会与线上互联网结合在一起，让互联网成为线下交易的前台的一种电子商务商业模式，即“Offline To Online”（“线下到线上”）和“Online To Offline”（“线上到线下”）。如电商企业在推广与营销阶段可采取“线下到线上”，利用自身线下的优势，把线下客户群带到线上来发展，还要保证线下活动与线上推广的相互映射，从而实现推广与营销的最大化，优化客户群体。而在销售阶段，积极鼓励客户在线上支付，则是“线上到线下”。

企业采用 O2O 模式时，要精准定位，实施成本领先战略或差异化战略；设计可持续的赢利模式，扩大赢利源；平衡筹资能力、资源整合能力和技术能力，发展核心竞争力，提高自身竞争优势；注意成本和费用控制，避免一味“烧钱”，防止资金链断裂；提升企业价值，吸引多方投资，使企业发展进入良性循环。

（5）以资源为导向的商业模式的应用场景——“共享经济”

1）什么是共享经济

共享经济就是人们以共享（闲置）资源为特征的经济活动组织方式。共享经济对个人、企业乃至社会等层面都带来了不同程度的影响。

2）共享经济模式的运作机理

共享经济模式的运作机理如图 2-2 所示，共享经济的商业模式运作有三个关键点，一是整合利用闲置资源，二是通过互联网共享平台进行供需匹配和监管，三是个人从线上到线下参与共享合作。

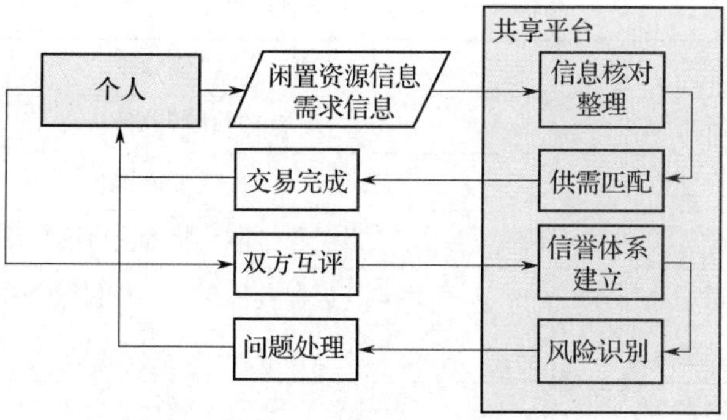


图 2-2 共享经济模式的运作机理

近年来网约车行业发展迅猛，很多人可能认为网约车是以平台为导向的商业模式，毋庸置疑，平台确实是其得以运营的载体，但网约车在成立初期主要是发现了国内市场的资源——即所有闲置车辆或者是闲置“空座”这一资源，解决顾客在打车紧张时段、地段偏僻位置打不到车的痛点。在客户和车辆资源积累到一定程度的时候，正是老板和投资人真正赚钱的时候。其主要盈利点在三个方面：一是广告费用收益，二是使用费用收益，三是平台“押金”的投资回报。

4. 如何设计商业模式

商业模式的设计是为了满足企业的生存与发展——即设计出符合“低买高卖”这一商业规律的方案。商业模式设计是整个创业项目如何开展的前期规划，是整个创业计划中的重要组成部分，如何设计好创业项目的商业模式对于企业的整体规划起着至关重要的作用。

近些年来，随着互联网的不断发展，人与人之间、物与物之间、信息与信息之间的交互更加的便捷、迅速。这对经济的发展无疑起到了巨大的推动作用，但对于一小部分产能过剩或者是停滞不前的行业或企业来说，却是致命的打击。在互联网时代下，许多传统的商业模式都面临着“冲击”，因此，学会如何运用互联网思维去发展传统行业也是在设计商业模式时一个重要的考量。

（1）商业模式设计的原理——“九要素模型”

商业模式设计专家亚历山大·奥斯特瓦德和伊夫·皮尼厄在《商业模式新生代》一书中阐述了九要素模型。九要素模型能够较为完整地反映企业的战略定位、运营过程和利润来源，且具有一定的可操作性。

下面从两个不同的角度来阐释九要素模型，一方面，从内部出发，即从创业者或创业团队的角度出发，对照不同要素对创业项目进行诊断分析，见表 2-1。

表 2-1 九要素模型分析 I

| 九要素 | 自我分析 |
| --- | --- |
| 要素 1：价值主张 | 我怎样帮助他人？ |
| 要素 2：客户细分 | 我能帮助谁？ |
| 要素 3：核心资源 | 我是谁，我拥有什么？ |
| 要素 4：渠道通路 | 怎样宣传自己和交付服务？ |
| 要素 5：客户关系 | 怎样和对方打交道？ |
| 要素 6：关键业务 | 我要做什么？ |
| 要素 7：合作伙伴 | 谁可以帮我？ |
| 要素 8：成本结构 | 我要付出什么？ |
| 要素 9：收入来源 | 我能得到什么？ |

另一方面，从外部出发，即通过围绕创业项目的外部因素如客户、资源、

合作、渠道的对立面来分析创业项目需要解决的问题，见表 2-2。

表 2-2 九要素模型分析 Ⅱ

| 九要素 | 解决什么问题 |
|---|---|
| 要素 1：价值主张 | 确定目标顾客群，为这一特定群体提供何种产品或服务，以及如何通过顾客收集对产品或服务的意见与建议 |
| 要素 2：客户细分 | |
| 要素 3：客户关系 | |
| 要素 4：核心资源 | 获取为了创造或生产这一产品或服务所需要的能力与资源 |
| 要素 5：合作伙伴 | |
| 要素 6：关键业务 | |
| 要素 7：渠道通路 | 如何将产品或服务传递给目标顾客 |
| 要素 8：成本结构 | 确定提供产品或服务的成本及收益 |
| 要素 9：收入来源 | |

（2）商业模式设计的工具——“商业画布”

商业画布是以九要素模型为基础而展开的平面且直观的内容细分。通过商业画布的分析，可以帮助创业者更有针对性地论述企业在初创阶段所要考虑和即将面临的各种问题，帮助创业者及其团队梳理在创业前期、中期乃至后期所需要考量的问题。其实思考或解决以上问题的过程也是商业模式设计的过程。

需要注意的是，每一个企业的战略定位不同，核心价值也不同，因此要想创建有效的商业模式，必须从项目的实际情况出发，可以通过回答以下九个方面的问题在其中寻找商业模式设计的思路，见表 2-3。

表 2-3 商业画布例表

<table>
<tr><td rowspan="2">合作伙伴<br>企业与其他企业之间为有效地提供价值并实现其商业目标而形成的合作伙伴，也包括公司的商业联盟</td><td>关键业务<br>资源和业务活动的配置</td><td rowspan="2">价值主张<br>企业通过产品或服务为消费者提供的价值，价值主张体现了企业相对于消费者的实际应用价值</td><td>客户关系<br>企业同其消费者群体之间所建立的联系。我们所说的客户关系管理即与此相关</td><td rowspan="2">客户细分<br>企业所瞄准的消费者群体。这些群体具有某些共性，进而使公司能够（针对这些共性）创造相应的价值。定义消费者群体的过程也被称为市场细分</td></tr>
<tr><td>核心资源<br>即公司执行其商业模式所需的能力</td><td>渠道通路<br>企业用来接近消费者的各种途径，包括公司如何开拓市场和实施营销策略等问题</td></tr>
<tr><td colspan="3">成本结构<br>关于使用工具和方法的货币描述</td><td colspan="2">收入来源<br>通过产品或服务获得的盈利途径</td></tr>
</table>

## （四）格物致知

### 海底捞张勇建火锅帝国

海底捞为顾客提供的贴心服务可以追溯到1994年，那时张勇放弃了在拖拉机厂的铁饭碗，与他人合资开了第一家海底捞火锅店。

其实，张勇不懂厨艺。从炒料到熬汤，他都只能现学现卖。为了弥补厨艺上的不足，张勇只能以贴心的服务来赢得回头客。海底捞的贴心服务从那时起就已经初见端倪。

张勇不仅亲自为客人拎包、带孩子，还会为客人擦皮鞋，提供种种周到贴心的服务。据华商韬略报道，曾有顾客夸赞海底捞的辣酱，张勇立即准备了一瓶辣酱赠予这位顾客。

到现在，海底捞的贴心服务仍然延续着。从排队叫号时的免费饮食与美甲，再到落座时的橡皮筋、手机套以及眼镜布，甚至会有员工替顾客照看小孩。

海底捞的贴心不仅体现在员工对顾客上，也体现在老板对员工上。在企业管理层方面，海底捞尽心尽力解决员工生活中的难题。不仅为员工租住小区房，还为员工解决子女上学等问题。张勇在四川简阳投资千万建立学校，只要是员工的子女都可以免费入学；级别高的员工甚至可以把子女带到北京接受教育。

在这样的制度下，员工们不仅能踏实地为顾客提供优质服务，也对海底捞保持着超高的忠诚度。因此，张勇也能放心地将权力分散到非管理层，在海底捞，就连普通员工都有给顾客打折乃至免单的权利。

**思考：**1. 海底捞是什么样的商业模式？

2. 在以下商业画布中画出海底捞的商业模式。

<table>
<tr><td rowspan="2">合作伙伴</td><td>关键业务</td><td rowspan="2">价值主张</td><td>客户关系</td><td rowspan="2">客户细分</td></tr>
<tr><td>核心资源</td><td>渠道通路</td></tr>
<tr><td colspan="3">成本结构</td><td colspan="2">收入来源</td></tr>
</table>

## 二、撰写创业计划书

### （一）行以致知

1. 活动主题：搭建创业计划书的框架并简单完成路演。
2. 活动目的：选择一个创业项目，尝试搭建创业计划书的框架并构思设计路演PPT。
3. 活动形式：小组讨论完成。
4. 活动时间：15 分钟。
5. 活动准备：活页挂纸、白板笔（3 种颜色）。
6. 活动步骤：

1）确定自己的创业项目。

2）尽可能完整地搭建计划书框架。

3）构思设计项目路演 PPT 的框架结构和风格。

### （二）案例导入

**“互联网 +”大学生创新创业大赛项目事迹**

首届中国“互联网 +”大学生创新创业大赛公布优秀组织奖、集体奖及单项奖评选结果时，景德镇陶瓷学院“指尖上的陶艺”获最佳创意奖。

“指尖上的陶艺”致力于解决陶瓷企业传统生产销售模式导致的产品同质化问题。所谓产品同质化，指的是同一大类中不同品牌的商品在性能、外观甚至营销手段上趋同的现象。产品同质化不仅会阻碍行业发展，危害企业利益，还可能使消费者成为间接受害者。

该创新创业团队发现陶瓷产品中同质化现象严重。针对这一问题，团队进行了相关调研，发现消费者普遍喜爱个性化、有创意的陶瓷产品，于是团队以“陶瓷产品的个性化定制”为方向，开发出了“指尖上的陶艺”：国内首款集个性化定制、众创空间功能为一体的陶瓷电商 APP。

三个月的时间里，团队埋头撰写计划书，彻夜修改材料，多次调整细节，积极咨询专家……这些虽然十分艰辛，却让队员感到充实。团队还面临着向对陶瓷行业陌生的专家清晰地说明想法的困难，这不仅考验着团队成员的表达能力，还考验着他们对于项目了解的具体程度。项目在反复的修改中臻于完善，队员也在细致入微的思考中加深了自己对于项目的理解。三个月的辛勤使一切都变得清晰明了又切实可行。

除团队自身的努力外，学校也给团队创造了良好条件。通过邀请国内外著名学者、企业家、艺术家来校以引入新思想、新理念和新设计，展出师生创意作品，开展创意竞赛等措施，学校将学生置于新知识和新观念的环境中，激励和推动了学生将创新的想法付诸行动。

**思考：**“指尖上的陶艺”项目是怎么做创业计划的？

## （三）知识探索

### 1. 什么是创业计划

创业计划又被称之为商业计划，是创办企业的基本思路，其内容涵盖了要创办企业的各种事项。从时间轴来看，也是对企业从现在到未来如何运作与发展的严谨、科学的论证说明。对创业者来讲，清晰、有效的创业计划能够帮助企业更好地做好市场定位，更好地为创业者及其团队的努力指明方向，并在复杂多变的市场环境中迅速成长。

### 2. 创业计划的作用

（1）说明书的作用

创业计划好比企业的一份说明书，是对企业的产品或服务、市场定位、组织机构、盈利模式、团队建设、财务管理、融资计划等进行较为详尽的说明与严密的推演。对企业内部而言，明确的目标以及清晰的创业计划能够为员工提供坚定的理想信念，能够让员工更好地了解自己公司的发展计划。良好的创业计划应该反映出广阔的发展前景和成长的潜力，让员工对企业未来的发展充满信心。对企业外部而言，无论是合作伙伴、供应商还是投资人，都能帮助他们更好地了解企业。

（2）风险评估的作用

在制定创业计划的过程中，一个重要的方面就是降低风险或者规避风险。因此，创业者制定创业计划的过程也是一次自我风险评估的过程。创业计划的制定建立在对有效信息的收集和分析的基础上，信息指向的内外部环境充满不确定性，准确、有效、及时的信息可以帮助企业更有条不紊地去采取措施以减少创业的风险，提高成功概率。在这个过程中，创业者也会发现创业的机会与风险并存的情况，但创业计划若要实现，必须直面这些风险，因此，创业计划最重要的作用是如何看待风险、如何降低风险，以及如何规避风险。

（3）吸引投资人的作用

创业计划的一个重要作用是吸引投资人。对于初创企业来说，现金流的储备是至关重要的。企业的发展如果没有充足的资金作为坚实的基础，很容易发生资金链断裂等危机，这也是很多初创企业在初创阶段“死掉”的主要原因之一。于是，很多初创企业会经过一轮或多轮的融资来让自己活下去（具体要参照什么类型的创业项目）。因此，要想获得外部融资，创业计划就显得尤为重要。

3. 创业计划的内容

（1）企业基本概况

1）企业简介

即对企业整体介绍的简单描述。

2）发展目标

即企业自身的奋斗目标，是对企业发展理念的展望。

3）产品或服务说明

即对企业所从事的产品或服务的描述，也可以从宏观层面分析市场环境与自身产品或服务的优势，并由此进行阐述。

4）发展计划

即企业未来三到五年的中长期规划发展的描述。其内容涵盖人事规划、盈利目标、产品研发目标、战略合作、融资计划等。

（2）企业营销计划

企业营销计划是整个创业计划的重要一环，主要用来阐释企业的产品 / 服务如何被定价与销售。其主要内容包括渠道通路的选择、销售团队的管理、广告、促销计划等。此外，在撰写创业计划之前，任何一个创业计划都要进行市场调查，没有调查就没有发言权，没有市场调查的创业计划缺少对同行业的理性分析，因此无法讨论自身的定位以及企业优势。

（3）企业管理计划

从宏观层面来看，它涵盖了企业的性质，例如，是独资还是合资；从微观层面来看，它也指向企业内部的部门组织框架，若是合伙人制，需要明确各自的股权分配，建议写明各自所持的股份。

（4）财务管理计划

合理的财务管理计划一方面能够有效地为初创企业的运营提供保障，帮助企业更好地运营；另一方面，如果需要“输血”——融资，那也能够让投资人所信服，获取投资上的“安全感”，认为你的财务计划是行之有效的。

#### 4. 创业计划需要思考的问题

问题一：你的远景和终极目标是什么？

- 你的远景是什么？
- 你要解决什么问题？对象是谁？
- 公司将来想要发展成什么样？

问题二：你的市场机会是什么？市场有多大？

- 你的目标市场有多大？发展有多快？（未来 3~5 年）
- 这个市场有多成熟，或多不成熟？
- 你是否有资本成为这个市场前两三位？

问题三：你的产品或服务是什么？

- 解决了客户的什么问题？
- 产品或服务属于红海还是蓝海？
- 你的产品或服务有什么特别之处？

问题四：你的客户是谁？

- 谁是现在的客户？
- 谁是目标的客户？
- 理想的客户是什么样的？
- 谁会付费？
- 介绍一下某个具体客户的例子。

问题五：你的价值主张是什么？

- 你给客户提供了什么价值？
- 购买你的产品，客户的购买回报是什么？
- 你解决了什么问题？
- 你是销售具体产品、服务还是一种商业模式？

问题六：你如何销售？

- 销售程序是什么？周期有多长？
- 你的销售和市场方针是什么？
- 你当前的销售渠道是什么？

问题七：你怎么吸引客户？

- 争取每个客户要花费多少钱？

- 在不同时期这个费用是否不同？为什么？
- 客户的永久价值是什么？
- 潜在客户变为真正客户的关键节点是什么？

问题八：你的管理团队的构成是什么样的？

- 你的管理团队有谁？
- 管理团队成员间是什么关系，同学、朋友、亲戚还是其他关系？
- 他们有什么经验？
- 欠缺哪些环节？有什么计划去弥补？

问题九：你的盈利模式是什么？

- 你的收入模式需要怎样才能盈利？
- 你的盈利受哪些因素影响？
- 盈利模式上限如何实现？
- 盈利周期是如何分布的？

问题十：你现在进展到哪一步？

- 现在进展情况如何？现状和前景是否更清晰了？
- 你将来的计划是什么？（包括短期、中长期）

问题十一：你的融资计划是什么？

- 已经得到什么投资？
- 希望得到多少投资？比例如何？
- 资金使用计划是什么？
- 资金可以支持多久？到那时公司是否可以发展到一个重要的里程碑？
- 你还打算吸引多少资金？什么时候完成？

问题十二：你的竞争对手是谁？

- 谁是你当前和潜在的竞争对手？
- 谁有可能和你竞争，谁有可能和你合作？
- 你的优势和弱点分别是什么？
- 你有什么特别的竞争优势？

问题十三：你有哪些合作伙伴？

- 谁是你的销售或技术合作伙伴？（当前和未来）
- 这些合作伙伴有多可靠？
- 产业链上下游包括哪些合作伙伴？

问题十四：是否符合投资者意愿?

- 和投资者的方向、经验是否吻合?
- 投资者对你所处的细分市场是否熟悉?
- 与投资者现有的投资组合有什么互补，或竞争之处?

问题十五：你未来 3 年的财务状况如何?

- 未来 3 年或 5 年平均每年净资产收益率是多少?
- 未来 3~5 年的项目盈亏平衡表是怎样的?
- 项目资产负债表、项目损益表、项目现金流量表是怎样的?
- 项目销售计划表、项目产品成本表是怎样的?

问题十六：你会遇到哪些风险?

- 对公司关键人员依赖的风险有哪些?
- 经营管理风险有哪些?
- 产品市场开拓的风险有哪些?
- 政策风险有哪些?

问题十七：有哪些风险防控措施?

- 有哪些风险控制和防范手段?
- 有哪些风险评估及预防机制?

问题十八：投资者收回投资的方式是什么?

- 拟向投资方出让多少权益及计算依据?
- 投资方以何种方式收回投资?
- 回收时间有哪些规定?

问题十九：本项目成功的关键因素及投资者的保障是什么?

- 有什么突然因素有可能一夜之间改变你的生意?
- 你公司的薄弱环节是什么?
- 有哪些潜在致命因素?

### 5. 创业计划书的撰写

（1）创业计划书的结构

从创业计划书的结构来看，创业计划书的内容类似于毕业论文的撰写，其主要包含六部分内容，分别是封面、目录、摘要、正文、总结和附录。

1）封面

封面的设计尤为重要，无论是对投资人，还是对参赛评委来说，封面的好坏都决定了项目对他们的吸引力如何，无论是在文字上，还是在色彩搭配或者是版面设计等方面，都会给别人留下“第一印象分”。很多人会在第一页就写清楚个人或团队的联系方式，其实并非很好，建议可以将这些基本信息放置在扉页上。封面最重要的是写清楚自己的创业项目名称即可。项目名称对于一个创业项目来说是十分重要的，用一句话来说明企业的经验范畴、客户对象、经验理念或者是经验方法等，并非是一件容易的事情。

2）目录

很多人常常忽略目录的重要性，封面的标题是让“读者”最快速地从宏观层面了解你的创业项目，那么目录则是对你创业项目展示的一个分解，类似于吉他演奏里面的分解和弦，是对一个美妙旋律的细致述说。很多人都知道，在写完正文后目录可以自动生成，但是目录的标题自动生成后其字数不见得统一，因此视觉效果并不好，事实上，目录的内容应该好好提炼一番，对于一级标题二级标题，尽可能都用同样字数的内容来描述，使得整体看起来更工整。最后，需要提醒的是，目录最主要的索引功能是要求制作人务必准确地将创业项目的页码标记清楚。

3）摘要

摘要是对整个创业项目的简要描述，同时也是对整个创业计划在宏观层面的梳理，主要展示创业项目的商业模式或者盈利模式、核心竞争力等核心要点内容。摘要起到了承上启下的作用，必须能够吸引“读者”有兴趣进一步看完整篇的创业计划书。撰写摘要时要考虑投资人或者比赛评委的关注点和兴奋点，摘要的语言描述既要求精炼，也要求生动和有说服力，因此摘要作为整个创业计划书的开篇，必须被重视起来。

4）正文

正文是整个创业计划书的主体部分，是对目录细致的分解，因此首尾要呼应，要和目录相符。正文主要包括企业介绍、产品 / 服务说明、市场调查、市场分析、生产计划、财务分析、融资计划、团队介绍等主要内容。

5）总结

总结是介绍完整个创业计划后的概括，这里不需要补充信息，它需要和摘要以及目录相呼应，不能自相矛盾。

6）附录

附录是对文中所提到的相关市场调查数据报告、调查问卷等提供的补充说明材料，属于佐证材料部分，可以印证创业项目的可实施性、可操作性，同时可以从有效的佐证材料中看出创业者及其团队的敬业精神和对创业项目的周密性。

（2）创业计划书的撰写思路

1）以产品、服务为中心的创业计划的撰写思路

首先，要突出产品优势。以产品开发为中心，以顾客和员工为根本，以顾客满意为导向，以市场为平台，把产品开发有机地融入各项内容中去。围绕自身产品的特点、商业价值，尤其是突出自身产品的优势，倘若产品容易被复制，则竞争力将相对较弱，但若能迅速占领市场，则另当别论。例如共享单车，技术十分容易被攻克，谁迅速占领了市场谁就是赢家。因此，对于产品的描述应该是创业计划的主要内容。

其次，要突出服务特色。如今再好的产品，也需要搭配良好的销售、运营、物流、售后服务等，当然，前提是产品有市场需求。京东作为国内大型的 B2C（Business To Customer，商业机构对消费者的电子商务）平台之一，其物流服务体系的效率在国内少有 B2C 平台能做到。京东物流服务体系不仅迅速而且服务质量较高，智慧仓储、整点发货、送货上门、上门退货等都是在业内做得比较好的。

最后，要注意商业机密。在撰写创业计划书的过程中，企业需要对自身的商业机密做好保密工作，否则十分容易被别人拿去复制，同时，对于产品和服务为中心的创业计划，建议围绕产品的竞争力去描写，而对研发等涉及知识产权保护的问题则需要慎重呈现。

2）以资源、平台为中心的创业计划的撰写思路

首先，要明确自身是“平台 + 资源”还是“资源 + 平台”项目。这不是孰轻孰重的问题，而是展示核心竞争力的问题。“平台 + 资源”的项目就类似唯品会，一家专门做特卖的网站，口碑营销，无假货。平台建立初期的商户资源并不是很丰富，寥寥无几，每天只更新一两家、两三家品牌，而如今每天更新的品牌至少有几十上百家，长期合作的上游供应商基数增长明显，下游用户量增长也十分惊人，尤其是在各大卫视投入广告之后，其用户访问量激增，平台界面的设计也在不断更新。“资源 + 平台”的项目就类似于共享单车，共享单车是产品，但是资源不足，需要立即“铺货”占领市场，谁的货多，谁就能迅速占领市场。共享单车同时也做平台，但是如果资源不够丰富，平台再好，也无法

长期生存下去，目前来看，“资源”储备不足的共享单车企业已经逐步退出历史舞台。因此，“资源 + 平台”类项目，更侧重完成资源的整合创造。

其次，要描述项目本身所具备的优势。一是突出资源优势。资源分为上游和下游资源，上游资源主要是给你提供资源的人，下游资源则主要是向你购买资源的人。如果是平台的话，则上游是供货商，下游是客户（有些平台若是以批发为主的，则下游可以说是分销商）。二是突出平台优势，平台的设计、运营、管理要突出平台的特色。

最后，要描述企业如何能够长期生存下去。解决客户的黏性、平台的运营、资源的不断挖掘等方面的问题。对于以资源、平台为中心的创业项目或企业来说，其最重要的就是客户资源以及平台的开发与建设，二者相辅相成。由于该类项目在创业项目中的前期投资较高，收益缓慢，因此很多投资人发现你是做平台的项目，首先都会考虑他的收益与回报周期问题。

（3）创业计划书的撰写要点

1）摘要

摘要是对整个创业项目内涵的提炼，同时也是对整个创业计划宏观层面的梳理，一般情况下，摘要要等到整个创业计划书撰写完毕后进行编写。因为创业计划书在编制过程中可能会有更新变化，甚至会出现少部分学生在撰写过程中推翻自身企业价值主张的情况。另一方面，摘要除了主要展示创业项目的商业模式或者说盈利模式、核心竞争力等核心要点内容外，还有一个重要的撰写原则就是吸引读者，无论是客户，商家，还是企业老板看到你的摘要后，都能够产生继续翻阅创业计划书的欲望，这一点是不容易做到的。

摘要的撰写需要精炼，类似于电视广告，由于广告的时长和费用是成正比的，因此广告语的提炼是十分精炼的。建议广大学生创业者多去观摩经典的广告台词，分析它的每一个字背后所承载的企业内涵。摘要在撰写时要突出重点，不要想着面面俱到，但前提是要明确自身的创业项目究竟是做什么的，要讲清楚，同时语句要精美、清晰且富有一定的感染力，绝不可以出现语句不通或者错别字。

2）项目 / 企业简介

项目 / 企业简介是对创业项目标题宏观的简述，描述自身的优势、特色、核心竞争力等。但由于企业的发展阶段不同，所撰写的要点也有所不同。初创企业往往可能只有创意而未创办公司，因此只能说是创业项目简介。创业者可以围绕自身的创意来源、创业初衷、求学经历、个人追求等方面来撰写。

因此可以描述过去的企业发展情况，重点围绕公司概况、市场分析、行业概况、业务情况、成果业绩等方面来撰写，不仅要写成功的方面，也要分析自身发展中的不足和存在的问题，分析一定要客观。

此外，建议创业计划书撰稿人要先明确阅读者是谁，即该创业计划书是给合作伙伴看的，还是给创业大赛评委或风险投资人看的。不同群体的关注点不同，合作伙伴需要看你的诚意和发展潜力，创业大赛（针对大学生而举办的）评委更注重项目的可行性和逻辑性，投资人更关注能否赚到钱。最后，基于内外部环境因素，客观分析目前公司管理结构的优劣及未来增长估值。

3）团队介绍

对于大学生创业团队，团队可以说是由一群具有创新意识、拥有共同目标、有着不同专业知识背景的朝气蓬勃的年轻人组成的一个不可分割的整体。这群人就如同人的五官一样，共同协作维持一个人的生存，缺一不可。团队介绍需要注意对团队优势的描述，特别是对团队领导人的介绍，很多投资者对团队领导人的关注度很大。

团队介绍这一部分着重描述创业团队的基本情况，主要描述各个部门的主要负责人，涉及个人的能力、个人履历、个人业绩、学业情况等。但在介绍团队的同时，一定要结合自身的创业项目来谈，团队的建设原则本身也是围绕创业项目展开的，如果是研发型的以产品为中心的创业项目，则要突出研发团队的重要地位以及研发团队的实力。如果是以资源平台为中心的创业项目，则要表明团队平台运营开发管理人员的经验和能力。如果是以产品和服务为中心的创业项目，则要突出销售团队的经验和业绩。团队介绍的过程也是企业管理模式的一个体现，一定要合情合理。此外，在这里也可以说明创业项目的股权结构。

4）产品 / 服务介绍

该环节是投资人最关心的问题，也是企业的“卖点”，即回答靠什么赚钱、能否赚到钱、是否有竞争力等问题。在撰写该环节时，撰稿人还需要了解，投资人对于企业产品或服务的关注点在哪，投资人肯定会关注该产品有没有市场，如果是科研项目，则考虑是否能够转化，是否有其应用场景，是否合理，该产品或服务能解决哪些痛点，竞争力如何。

该部分要描述清楚产品或服务的基本情况，包括产品名称、产品用途、研发周期、生产周期、生产成本、品牌专利、核心技术、市场竞争力等。

5）市场分析

市场分析主要描述产品或服务所在行业的基本情况，在整个创业计划开始前，一定要先做好市场调查工作，这一部分的撰写是建立在前期调查基础上的，调查要有针对性、目的性、科学性。围绕自身的产品和服务所在行业进行的市场调查，才能提供有针对性、时效性的市场分析。

这一部分的撰写是让投资人或者大赛评委了解该产品所在行业的发展情况、发展趋势、存在的问题、政策法规、行业规则、市场策略、市场容量等方面的问题。

6）营销策略

营销策略是企业以客户需求为出发点，根据经验获得顾客需求量以及购买力的信息、商业界的期望值，并有计划地组织的各项经营活动。对于创业项目和企业而言，有效的营销策略是企业生存与发展的重要战略规划之一。产品能否赚钱需要市场来检验，它决定了企业的生与死。营销策略同样需要围绕创业项目的导向来撰写，一切从实际出发，不能照搬照抄，营销策略没有统一的“模板”，一定要结合自身创业项目和企业的商业模式来写。以客户为导向的和以平台为导向的商业模式的立足点是有所不同的。比如，有些企业是做平台与实体店的，则其产品和服务可以通过“线上”“线下”——O2O 商业模式来制定营销策略；如果是只有平台搭建，而不生产产品的 B2C 模式，可以通过线上零售加批发来制定营销策略；如果是以客户为导向的商业模式，则可以通过差异化营销的策略，例如私人定制模式。

说到底，营销主要是围绕 4P 原则：产品策略、价格策略、渠道策略和促销策略，为顾客提供满意的商品和服务而实现企业目标的过程。市场营销战略计划的制定是一个相互作用的过程，是一个创造和反复的过程。

7）生产计划

生产计划主要展示以下几个方面的内容：产品生产、经营状况；企业现有的硬件设备，生产场地、设备等；生产周期及生产经营计划；生产成本，设备更新成本；生产工艺介绍，生产流程；质量监督情况；生产人员情况；生产计划等。

8）财务分析

账务分析主要描述企业（若是成长型企业）近三年左右的财务状况，以及详细的投资计划。投资人可以根据你近几年的财务情况，来对你下一步的经营情况进行预判，以此决定是否对你的项目有足够的信心。详细的财务分析方法与分析工具众多，具体应用应根据分析者的目的而定。最经常用到的还是围绕财务指标进行单指标、多指标综合分析，再加上一些参照值（如预算、目标等），运用一些分析方法（比率、趋势、结构、因素等）进行分析，然后通过直观、人性化的格式（报表、图文报告等）展现给投资人。同时，财务分析与预算既要给投资人呈现“一片蓝海”，又要使得这一“蓝海”是建立在合理的财务分析之上的。而初创企业的财务负责人，要根据创业项目的实际情况，来编制合理的财务预算，不能吹毛求疵，乱写一气，违背市场规律。

9）融资计划

融资计划的主要内容如下：已获得的投资情况和融资额度；下一步融资计划，采取哪种手段；不同类型融资手段的说明；若需要投资人介入，公司体制如何，投资人是否有决策否决权；期望的融资额度，如何使用，并在科学测算的基础上提供企业未来 3~5 年收入、现金流量表、资产负债表和其他财务指标，包括盈亏平衡分析；投资退出机制的说明等。

10）风险预估

风险预估的主要内容如下：可能的行业发展限制；技术壁垒、技术复制可能性分析；市场的不稳定性；重大社会变革，例如互联网的高速发展；有可能发生的相关风险评估等。

### 6. 创业计划的路演展示

#### （1）什么是路演

路演是指在公共场所进行演说、演示产品、推介理念，及向他人推广自己的公司、团体、产品、想法的一种方式。路演是指通过现场演示的方法，引起目标人群的关注，让他们产生兴趣，最终达成销售。路演有两种功能，一是宣传，让更多的人知道你，二是可以现场销售，增加目标人群的试用机会。

#### （2）路演展示对象

对于高校学生而言，项目路演的对象主要包括以下几个方面：初创团队成员、创业大赛评委、天使投资人。但是针对不同的展示对象，所描述的主要内容的侧重点是有所不同的，初创团队有很多时间可以坐下来慢慢聊，但是参加创业大赛以及天使人见面会时仅有最多十分钟的时间来展示，因此，根据受众关注点的不同，就需要针对性地进行项目展示的前期准备。

（3）创业项目路演的流程

1）陈述准备

根据不同类型的路演展示、制定不同的路演 PPT，根据面对的对象不同，关注点不同，陈述的要点也不同。因此，有针对性的陈述准备是十分必要的。一般情况下 PPT 的制作数量以不超过 12 张为宜，更重要的是需要路演者对整个创业项目在宏观与微观方面的把握，一般情况下都是由创业项目负责人或企业 CEO 来完成。

**注意事项**

- PPT 文字需要精炼，能少一个字，不多一个字。
- 尽量避免出现大段文字。
- 结构清晰、条理清楚、逻辑严密。
- 语言表达要清楚，内容通俗易懂。
- 需要注重视觉效果和听觉效果的结合。
- 必要情况下尽量提供产品的实物，或者是平台产品的现场介绍与运用解说。

2）模拟演练

无论是哪一种类型的项目路演，都需要进行前期的模拟演练。路演者可以通过全程录播的形式来观看自己的演说。路演其实也称得上是一次表演，需要路演者精心的准备，所谓“台上一分钟，台下十年功”，在台上台下磨炼的次数越多，你就会越来越自在、放松，重点是模拟演练还能及时发现自己的不足，以便于分析与改进。

实际上，创业计划的路演不仅仅是展示创业项目或公司的基本情况，同时也是展示个人的风采的机会，比如个人的语言表达能力、非语言表达技巧、组织策划能力、PPT 制作能力等。很多创业大赛的评委或投资人都是非常注重团队核心人物的个人能力的。

3）路演思路

“亮剑”：开门见山地讲清楚自己做的是什么。

“展示”：产品、服务、平台，最好呈现实物，现场演示，也可以通过视频来呈现。

“机会”：强调市场价值、客户群体、目标市场等。

“核心”：阐述企业的商业模式、生产经营与核心竞争力。

“团队”：介绍自己的团队经验与能力。

“财务”：简单描述精确的财务预算或历年财务分析。

“风险”：描述规避风险的方法和手段。

4）现场答辩

现场答辩是创业者与投资人或者是大赛评委直接交流沟通的环节，首先是单方向陈述创业项目情况，之后则是投资人和评委们对创业项目不明确部分的提问，甚至是对创业项目的各种质疑，用挑剔的眼光来对你陈述中的问题。因此，答辩者需要良好的心态和勇气来面对，要学会站在投资人的角度思考问题，他们对于利益的考虑，将会很直接地戳痛项目的“神经系统”。因此，建议答辩者提前思考一些问题，做好一定的准备，也可以通过多次模拟答辩来训练自己的应变能力。建议思考以下几个基本问题。

- 能不能用一句话概括你的产品？
- 你的核心竞争力是什么？
- 为什么用户一定会购买你的产品/服务？
- 你如何证明这个项目一定能赚钱？
- 你未来想把产品/服务做到什么程度？
- 你的技术核心是什么？
- 你为什么不穿自己公司的衣服来路演？
- 你懂技术吗？

（4）路演中易出现的问题与注意事项

1）缺少视觉展示

形式与内容的充分结合才是一个完美的路演项目的呈现方式，很多大学生的创业项目比较缺乏视觉上的设计。事实上，这也是对于创业者能力的一个体现。假如你的项目是文创类的，但你的视觉设计是如此的糟糕，结果可想而知，投资人可能不会再去听你开场白后的任何信息，直接淘汰掉你的方案。

2）项目描述不清

尽可能一句话讲清楚你的产品或服务，不要等到答辩环节让投资人和评委来问你这个问题，这也是路演者对自身项目的认知程度的体现。

3）过于虚无缥缈

答辩人和团队在陈述过程中，要脚踏实地，实实在在地就事论事，把自己的项目一五一十地讲清楚就可以了，不要吹嘘虚无缥缈的未来宏远计划，能够讲清楚3~5年的发展规划就很不错了，不能给投资人和评委留下眼高手低的感觉。

4）数据弄虚作假

很多人都喜欢拿数据说话，但是数据要真实可靠，不能弄虚作假，尤其是不能拿“二手的数据”说成是自己“一手的经验”。

5）忽视团队介绍

我们在前文已经提到过团队的重要性，但是很多大赛和商业路演活动中的项目陈述人会花很多的时间讲产品、讲技术、讲市场、讲数据，而忽视了团队介绍的重要性，但事实证明，投资人对团队的重视程度不亚于产品、商业模式、资源或平台的介绍。

6）超出规定时间

项目陈述以及项目答辩都是有时间限制的，不同的比赛或商业路演活动的陈述、答辩时间不同，一般情况下项目陈述都在 5~8 分钟之间，而答辩时间最多也不会超过陈述的时间，一般都在 5~7 分钟之间。

7）过于盲目乐观

对市场的分析要客观公正，不能绝对地说成是“一片蓝海”，或者是“一片红海”，要根据客观数据来分析，同时，新的发明创造的应用场景也是不明确的，只能合理分析应用场景和未来的市场。

8）首尾不能呼应

项目路演最忌讳的就是自己否定自己的陈述，尤其是在答辩环节，评委和投资人经常围绕你的陈述来提问，在回答问题时答辩人务必清楚地知道自己陈述过程中讲到了哪些问题，在答辩环节万不能推翻自己的陈述，或者怀疑自己有没有说过这番话，要求答辩者对自己说过的每一句话都了如指掌。项目模拟演练能很好地防止类似错误的出现。

9）总想面面俱到

项目陈述人时常在路演过程中即兴发挥，对于所有自己突然冒出的“灵感”进行解说，也总想把项目的每一个方面都讲清楚，但是客观上这是不可能做到的，面面俱到的内容在文本材料——创业计划书里都不一定能够完全呈现，更别说几分钟的路演了。因为每一个人思考的角度不同，发现问题的眼光也不同，因此没有必要为了面面俱到而忽略了时间问题，导致项目主要内容陈述不完整。

## （四）格物致知

### 领路职教

以下是 2017 年第三届浙江省互联网 + 大学生创业大赛（就业型创业组）金

奖项目的陈述 PPT。

EDUCATION 领路职教
领先的职业教育平台

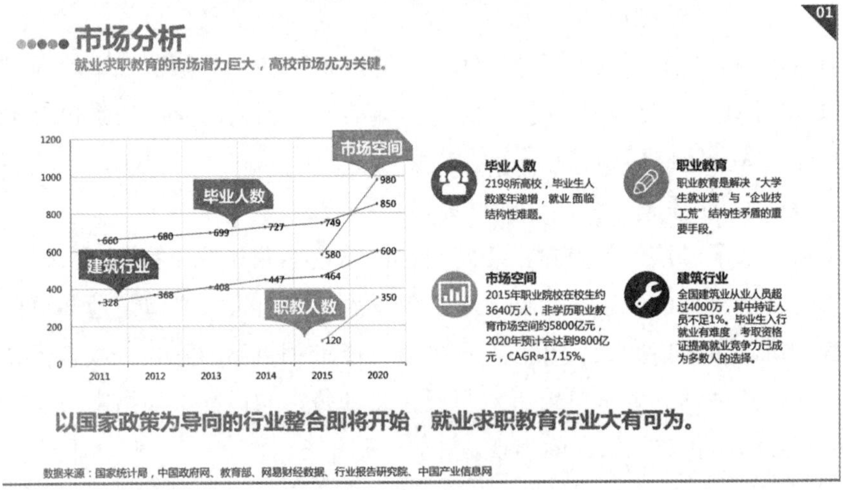
01
市场分析
就业求职教育的市场潜力巨大，高校市场尤为关键。
1200
1000
800
600
400
200
0
2011
2012
2013
2014
2015
2020
市场空间
毕业人数
建筑行业
职教人数
660
680
699
727
749
980
850
580
600
328
368
408
447
464
350
120
毕业人数
2198所高校，毕业生人数逐年递增，就业面临结构性难题。
职业教育
职业教育是解决“大学生就业难”与“企业技工荒”结构性矛盾的重要手段。
市场空间
2015年职业院校在校生约3640万人，非学历职业教育市场空间约5800亿元，2020年预计会达到9800亿元，CAGR≈17.15%。
建筑行业
全国建筑业从业人员超过4000万，其中持证人员不足1%。毕业生入行就业有难度，考取资格证提高就业竞争力已成为多数人的选择。
以国家政策为导向的行业整合即将开始，就业求职教育行业大有可为。
数据来源：国家统计局，中国政府网、教育部、网易财经数据、行业报告研究院、中国产业信息网

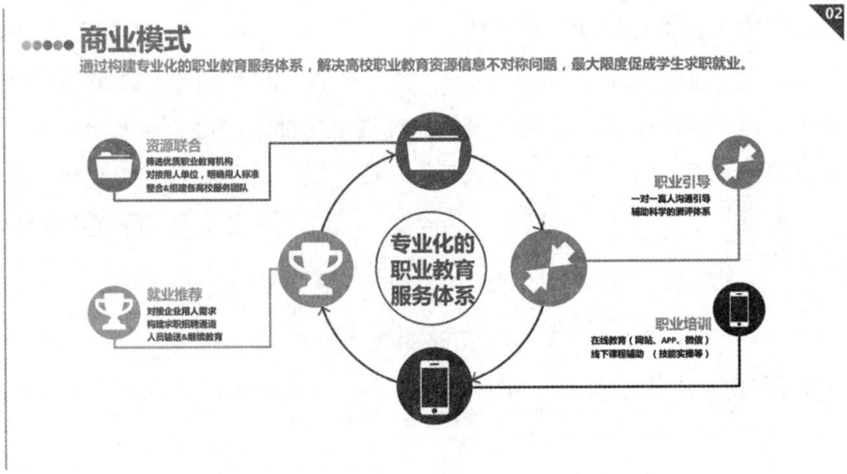
02
商业模式
通过构建专业化的职业教育服务体系，解决高校职业教育资源信息不对称问题，最大限度促成学生求职就业。
资源联合
筛选优质职业教育机构
对接用人单位，明确用人标准
整合&组建各高校服务团队
职业引导
一对一真人沟通引导
辅助科学的测评体系
专业化的职业教育服务体系
就业推荐
对接企业用人需求
构建求职招聘通道
人员输送&继续教育
职业培训
在线教育（网站、APP、微信）
线下课程辅助 （技能实操等）

03

## 主营业务

以促成就业为导向，以资格认证考试及职业技能培训为主体。

04

## 产品简介（移动端1.0）

移动平台聚集优质职业教育课程，线上线下结合式教学，后台全程跟踪测评服务。

- 课程搜索
- 在线课程（可下载）
- 直播课程

- 在线测评
- 学习闹钟
- 职业社群

05

## 项目亮点

立足高校市场，以服务赢取口碑，建立品牌优势，以此掌握非学历职业教育的流量入口。

**教学**
职业教育优质品牌机构课程供应

**服务**
成果输出，职业生涯跟踪服务

**运营**
高校团队为主体，社群化运营

06

## 竞争分析

这是一个消费决定生产的时代，只有不断地贴近用户才能获得更好的发展。

**《MOOC模式》**是优质视频教育资源的聚合，如网易公开课，腾讯微课堂等，汇总了各个领域国内外顶尖学府的优质视频教学课程。

**学术类课程居多，自主学习能力要求高**

**《传统网校》**以新东方、学而思为代表的，这类主要把传统的教学内容通过远程视频播放。

**缺乏互动和针对性教育**

**《电商模式》**B2B，B2B2C，沪江网校等。

**是我们未来重要的合作对象**

**《平台加社交模式》**基于移动互联网的O2O教育平台，连接老师、家长和学生，同时具备学习及社交属性的O2O平台及APP。

**逃单现象明显，社群互动差，运营成本高**

07

## 经营现状

百年大计，徐徐图之。

***学历项目：累计培训1000多人，营业收入＞700万元**

***职业项目：累计培训1200多人，营业收入＞150万元**

08

## 项目预测

未来3年至少可以提供1.5~2万个就业机会

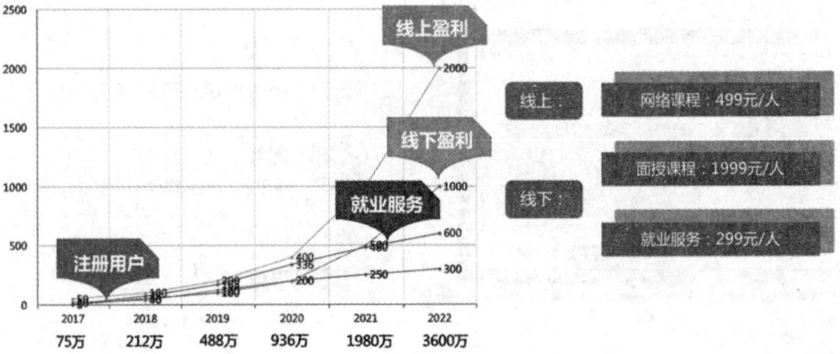

注：本项目 PPT 由领路教育咨询有限公司提供。

**思考：**如果你是投资人，你会投资这个项目吗？

点评：首先，从形式来看，该项目的路演 PPT 制作精美，版面布局合理，清晰有序，视觉效果好。其次，从内容来看，其定位明确，是以客户为导向，以平台为服务中心的教育类创业计划，展示了产品分析、运营管理、市场分析、商业模式等几个要点核心问题，突出了产品和团队的核心竞争力，而且项目名称表达明确，涵盖了业务范畴、运营管理等关键词，十分精炼。最后，以互联网 + 大赛的参赛类别（职教赛道）为设计倾向，具体赛事具体分析，符合投资人的“口味”。

# 第二节
# 创业者与创业团队

"全社会都要重视和支持青年创新创业，提供更有利的条件，搭建更广阔的舞台，让广大青年在创新创业中焕发出更加夺目的青春光彩。"

——习近平发给全球创业周中国站开幕式的贺信

俗话说，一个好汉三个帮。一群人同心协力，集合各自的优势，共同创业，其产生的群体智慧和能量，将远远大于个体。在共同创业的过程中，创业团队是关键，直接影响到创业是否成功。

创业团队是指在创业初期（包括企业成立前和成立早期），由一群才能互补、责任共担、愿为共同的创业目标而奋斗的人所组成的特殊群体。美国德雷珀·约翰逊投资公司的合伙人之一威廉·德雷珀的投资理念是"投资就是投人"。在创业机会开发的过程中，如何组建一个优秀的团队将是每个创业者面临的最大挑战。大量研究表明，创业团队在创建新企业的过程中起着非常关键的作用，所以不论是风险投资者还是创业者，都对此问题高度关注。很多创业失败的案例告诉我们，并非一群掌握领先技术或具备相关技能、高学历的人聚在一起就能组建一支成功的团队。

## 一、创业团队结构

### （一）行以致知

1. 活动主题：审视创业能力。
2. 活动目的：对自己的创业能力进行自我评估。
3. 活动形式：个人活动。
4. 活动时间：5~10 分钟。
5. 活动准备：思考后填表。
6. 活动步骤：

请认真审视自己的创业能力，在准确进行自我评估的基础上，实事求是地填写表 2-4，在左边一栏列出你认为自己在个人素质和技术能力方面的弱点，在右边一栏说明你克服这些弱点的办法。

表 2-4　创业能力自我评估表

| 我的弱点 | 我如何在这方面有所提高 |
|---|---|
| (1) | |
| (2) | |
| (3) | |
| (4) | |
| (5) | |

## （二）案例导入

### 从《西游记》看创业团队

创业路如同取经路，不说要迈过九九八十一难，但同样是千难万险，不仅要克服己方艰苦条件，还要降妖伏魔，扫清外在路障。从投入与收益比来说，都是条件艰苦、回报低，但是一旦成功了，一本万利。从这些角度来说，《西游记》堪称一部创业浮世绘，里面的人物也代表了创业团队中不同类型的创业者。

**唐僧：有背景、有商业模式的高管创业者**

西游记项目的起源是东土大唐派唐僧去西天取经。唐僧在整个取经路上是最不可替代的。用现在的话说，唐僧就属于那种上市公司高管离职创业型的，有商业模式、政府客户背景（唐太宗）、投资人关系三大核心资源，其目标明确、立场坚定、百折不挠，是董事会、投资人最喜欢的创业者。

但是，唐僧有个最大的问题，就是不懂技术，站得过高，不免乱定规矩瞎指挥。但万众创业，有资源、有商业模式、有坚定信念的创业者毕竟不多，创业成功的概率其实很高。

**孙悟空：有人脉、专业能力过硬型创业者**

在《西游记》中，孙悟空虽然老是要去搬救兵，但是谁也不能否认，他自身能力强，还具有不畏艰难险阻，积极迎难而上的特质，而且他更懂得向高人求助，凭借自己先前积累的人脉，帮团队渡过一个又一个难关。这类人才也是创业团队中特别需要的。

**猪八戒：审时度势、吃苦耐劳，能够凝聚团队向心力**

猪八戒虽然有点好吃，有时还会躲懒，但是他确实是整个西天取经团队里苦活、累活、脏活干得最多的人。他最大的优点是懂得审时度势，他知道如何调整团队情绪，把团队中最重要的人照顾好，在创业团队中属于借力派，只要用得好，能够发挥出的威力不可小觑。

**沙僧：平和实干型，但是还有潜力可待挖掘**

沙僧原是玉皇大帝身边的卷帘大将，也是玉帝的亲随，能力应该不低。但是在西天取经团队中，沙僧是存在感最低的角色，但是他也能够平和以对。从这方面来看，沙僧其实非常适合做合伙人，一是在团队不会树敌，有利于团队合作；二是迎合了大多数人“争名利”的心态，容易被接受；三是有潜力，关键时刻不会掉队。

**白龙马：刻苦忍耐型，关键时刻很靠谱**

从神仙变为马，白龙马顺利地完成了这个角色的转变，他脚踏实地地做好自己的事，从未出现失误，还多次在组织的严重危机中扮演了关键角色。取经成功也少不了白龙马的一份功劳。

**思考：**你认为西天取经团队中各角色发挥的作用是什么？假如你加入该团队，你想扮演哪种角色呢？

## （三）知识探索

### 1. 创业者的概念

“创业者”（Entrepreneur）一词来源于 17 世纪的法语词汇，表示某个新企业的风险承担者，早期的创业者也是风险承担的“承包商”（Contractor）。在欧美的经济学研究中，将创业者定义为一个组织、管理生意或企业并愿意承担风险的人。美籍奥地利经济学家熊彼特认为，创业者应该是创新者，具有发现和引入更好的能赚钱的产品、服务和过程的能力。

创业者首先是一个有梦想的人，他追求的是未来的回报，而非现在的回报。如果未来的回报低于预期，或者低于现在的回报，一个人不可能有创业的动力。因此，创业者进行创业活动是为了获得更大的价值，这种价值的实现，有物质上的诉求，而更多的是人生价值的实现。创业者的未来收益是一种投资性活动的收益，这些投资既可能是实际的资本投入，也有本人和团队的时间和精力的投入，而收益也就不只是金钱上的收益，还应包括价值的收益、理想的实现等。

创业者一般被界定为具有以下几点特质的人：创业者是主导劳动方式的领导人；创业者是具有使命、荣誉、责任、能力的人；创业者是组织、运用服务、技术、器物作业的人；创业者是具有思考、推理、判断能力的人；创业者是能使人追随并在追随的过程中获得利益的人；创业者是具有完全权利能力和行为能力的人。

在实际生活中，与一般人的观念不同，创业者所谓高度的商业才能，不仅仅是创办一个企业，而且是在企业的整个发展过程中，都能够做出正确的决策，及时解决面临的问题，修正企业的发展方向，使企业长期保持活力，不断发展壮大，成为具有影响力的企业。同时，还应该从社会发展的角度来界定创业者。那些建立了新的商业模式并获得了发展的企业，以及那些为其他企业的发展提供样板，为社会提供就业，不断带来财富的企业的创立者通常也被称为创业者。

2. 创业者的素质

（1）强烈的创业意识

要想取得创业的成功，创业者必须具备自我实现、追求成功的强烈的创业意识。强烈的创业意识可以帮助创业者克服创业道路上的各种艰难险阻，将创业目标作为自己的人生奋斗目标。创业的成功是思想上长期准备的结果，事业的成功总是属于有思想准备的人，属于有创业意识的人。

（2）强健的身体素质

俗话说："身体是革命的本钱。"几乎所有的企业家都认为，良好的身体素质是成功创业的一大前提。在创业之初，受资金、环境等各方面条件的限制，许多事都需创业者亲力亲为，他们要不断地思考来改进经营，加上工作时间长、巨大的风险与压力，若无充沛的体力、旺盛的精力以及敏捷的思路，必然力不从心，难以承受创业重任。

（3）良好的心理素质

创业的成功在很大程度上取决于创业者的心理素质。因为创业之路不会一帆风顺，在创业的过程中难免会遇到诸多的挫折、压力甚至失败，这就需要创业者具有非常强的心理调控能力，能够持续保持一种积极、沉稳、自信、自主、刚强、坚韧及果断的心态，即有健康的创业心理素质。如果不具备良好的心理素质，一遇到挫折就垂头丧气、一蹶不振，那么在创业的道路上是走不远的。

宋代大文豪苏轼说："古之成大事者，不唯有超世之才，亦必有坚韧不拔之志。"只有具有处变不惊的良好心理素质和愈挫愈勇的顽强意志，才能在创业的道路上自强不息、竞争进取、顽强拼搏，才能从小到大、从无到有，闯出属于自己的一番事业。

（4）自信、自强、自主、自立的创业精神

自信心能赋予人主动积极的人生态度和进取精神，做到不依赖、不等待。要成为一名成功的创业者，必须坚持信仰如一，拥有使命感和责任感；信念坚定，顽强拼搏，直到成功。信念是生命的力量，是创立事业之本，是创业的原动力。要相信自己有能力、有条件去开创自己未来的事业，相信自己能够主宰自己的命运，成为创业的成功者。自强就是在自信的基础上，不贪图眼前的利益，不依恋平淡的生活，敢于实践，不断增长自己各方面的能力与才干，勇于使自己成为生活与事业的强者。自主就是具有独立的人格，具有独立思维的能力，不受传统和世俗偏见的束缚，不受舆论和环境的影响，能选择自己的道路，善于设计和规划自己的未来，并采取相应的行动；同时有远见，有敢为人先的胆略和实事求是的科学态度，能把握住自己的航向，直至达到成功的彼岸。自立就是凭借自己的头脑和双手，智慧和才能，努力和奋斗，建立起生活和事业的基础。

（5）丰富的知识素质

创业者的知识素质对创业起着举足轻重的作用。创业者要运用创造性思维，做出正确的决策，就必须掌握广博的知识，具有一专多能的知识结构。具体来说，创业者应该具有以下几方面的知识素质：用足、用活政策，依法行事，用法律维护自己的合法权益；了解科学经营管理方面的知识和方法，提高管理水平；掌握与本行业、本企业相关的科学技术知识，依靠科技进步增强竞争能力；具备市场经济方面的知识，如财务会计、市场营销、国际贸易、国际金融等知识。

（6）竞争意识

竞争是市场经济最重要的特征之一，是企业赖以生存和发展的基础。竞争的目的只有一个，就是赢得市场。随着我国社会主义市场经济从低级向高级发展，竞争越来越激烈。从小规模的分散竞争，发展到大集团集中竞争；从国内竞争发展到国际竞争；从单纯的产品竞争，发展到综合实力的竞争。因此，创业者如果缺乏竞争意识，实际上就等于放弃了自己的生存权利。创业者只有敢于竞争，善于竞争，才能取得成功。

### 3. 创业团队组成要素

创建团队时，最重要的是考虑成员之间的知识、资源、能力或技术上的互补，充分发挥个人的知识和经验优势，这种互补将有助于强化团队成员之间彼此的合作。因此，创业团队需要具备 5 个重要的团队组成要素——即目标（Purpose）、人（People）、定位（Place）、权力（Power）、计划（Plan），称为“5P”。

（1）目标（Purpose）

创业团队应该有一个既定的共同目标，为团队成员导航，知道要向何处去。没有目标，团队就没有存在的价值。目标在创业企业的管理中以创业企业的远景、战略的形式体现。

（2）人（People）

人是构成创业团队最核心的力量。三个及三个以上的人就形成一个群体，当群体有共同奋斗的目标就形成了团队。在一个创业团队中，人力资源是所有创业资源中最活跃、最重要的资源。应充分调动创业者的各种资源和能力，将人力资源进一步转化为人力资本。

目标是通过人员来实现的，所以人员的选择是创业团队非常重要的一项工作。在一个团队中可能需要有人出主意，有人定计划，有人实施，有人协调不同的人一起去工作，还有人去监督创业团队工作的进展，评价创业团队最终的贡献，不同的人通过分工来共同完成创业团队的目标。在人员选择方面要考虑人员的能力如何，技能是否互补，人员的经验如何。

（3）创业团队的定位（Place）

创业团队的定位包含两层意思。

一是创业团队的定位。包括创业团队在企业中处于什么位置，由谁选择和决定团队的成员，创业团队最终应对谁负责，创业团队采取什么方式激励下属。

二是个体（创业者）的定位。作为成员在创业团队中扮演什么角色，是负责制订计划，还是具体实施或评估；是大家共同出资，委派某个人参与管理，还是大家共同出资，共同参与管理，或是共同出资，聘请第三方（职业经理人）管理。这体现在创业实体的组织形式上，即是合伙企业或是公司制企业。

（4）权力（Power）

创业团队当中领导人的权力大小与其团队的发展阶段和创业实体所在行业相关。一般来说，创业团队越成熟，领导者所拥有的权力相应越小。在创业团队发展的初期阶段领导权相对比较集中。

（5）计划（Plan）

计划的两层含义：一是目标最终的实现，需要一系列具体的行动方案，可以把计划理解成达到目标的具体工作程序。二是按计划进行可以保证创业团队的顺利进度。只有按计划操作，创业团队才会一步一步地贴近目标，从而最终实现目标。

4. 创业团队结构类型

从不同的角度、层次和结构，可以划分不同类型的创业团队，而依据创业团队的组成者来划分，创业团队有星状创业团队（Star Team）、网状创业团队（Net Team）和从网状创业团队中演化而来的虚拟星状创业团队（Virtual Star Team）。

（1）星状创业团队

一般在团队中有一个核心人物（Core Leader），充当领队的角色。这种团队在形成之前，一般是核心人物有了创业的想法，然后根据自己的设想进行创业团队的组织（见图 2-3）。因此，在团队形成之前，核心人物已经对团队组成有过仔细思考，再根据自己的想法选择相应人员加入团队，这些加入创业团队的成员也许是核心人物以前熟悉的人，也有可能是不熟悉的人，但这些团队成员在企业中更多时候是扮演支持者角色（Supporter）。

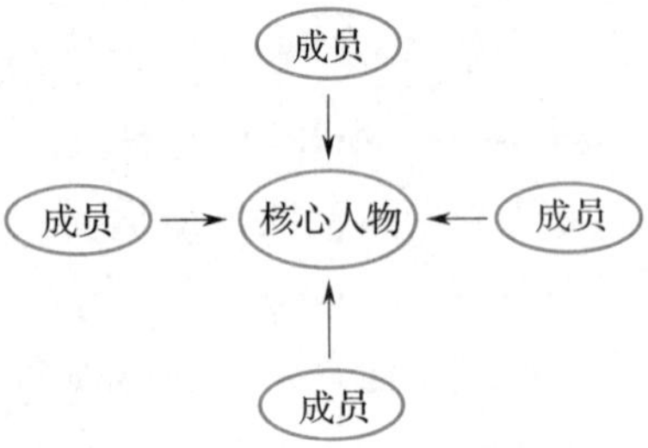

图 2-3　星状创业团队

这种创业团队有以下几个明显的特点。

① 组织结构紧密，向心力强，主导人物在组织中的行为对其他个体影响巨大。

② 决策程序相对简单，组织效率较高。

③ 容易形成权力过分集中的局面，从而使决策失误的风险加大。

④ 当其他团队成员和主导人物发生冲突时，因为核心主导人物的特殊权威，使其他团队成员在冲突发生时往往处于被动地位，在冲突较严重时，一般都会选择离开团队，因而对组织的影响较大。

这种组织的典型例子，如太阳微系统公司创业当初就是由维诺德·科尔斯勒确立了多用途开放工作站的概念，接着他找了乔和本其托斯民两位软件和硬件方面的专家，以及具有实际制造经验和人际技巧的麦克·尼里，组成了太阳微系统公司的创业团队。

（2）网状创业团队

这种创业团队的成员一般在创业之前都有密切的关系，比如同学、亲友、同事、朋友等（见图 2-4）。一般都是他们在交往过程中，共同认可某一创业想法，并就创业达成了共识以后，开始共同进行创业。在创业团队组成时，没有明确的核心人物，大家根据各自的特点进行自发的组织角色定位。因此，在企业初创时期，各位成员基本上扮演的是协作者或者伙伴角色（Partner）。

这种创业团队的特点如下。

① 团队没有明显的核心，整体结构较为松散。

② 组织决策时，一般采取集体决策的方式，通过大量的沟通和讨论达成一致意见，因此组织的决策效率相对较低。

③ 由于团队成员在团队中的地位相似，因此容易在组织中形成多头领导的局面。

④ 当团队成员之间发生冲突时，一般都采取平等协商、积极解决的态度消除冲突，团队成员不会轻易离开。但是一旦团队成员间的冲突升级，使某些团队成员撤出团队，就容易导致整个团队的涣散。

这种创业团队的典型案例是比尔·盖茨和童年玩伴保罗·艾伦创立了微软，戴维·帕卡德和他在斯坦福大学的同学比尔·体利特创立了惠普等。

（3）虚拟星状创业团队

这种创业团队是由网状创业团队演化而来的，基本上是前两种的中间形态。在团队中，有一个核心成员，但是该核心成员地位的确立是团队成员协商的结果，因此核心人物从某种意义上说是整个团队的代言人，而不是主导型人物，其在团队中的行为必须充分考虑其他团队成员的意见，不如星状创业团队中的核心主导人物那样有权威（见图 2-5）。

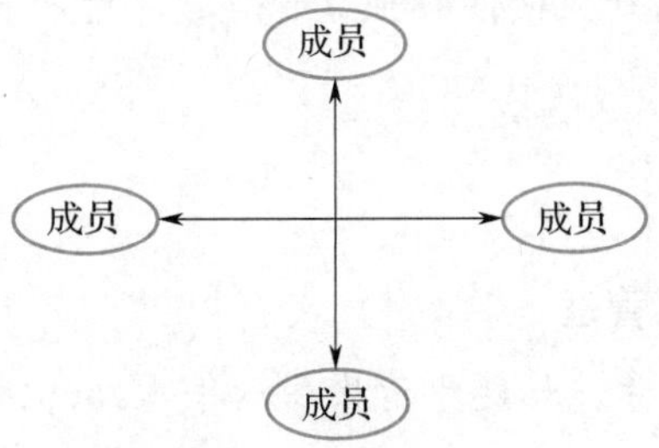


图 2-4　网状创业团队

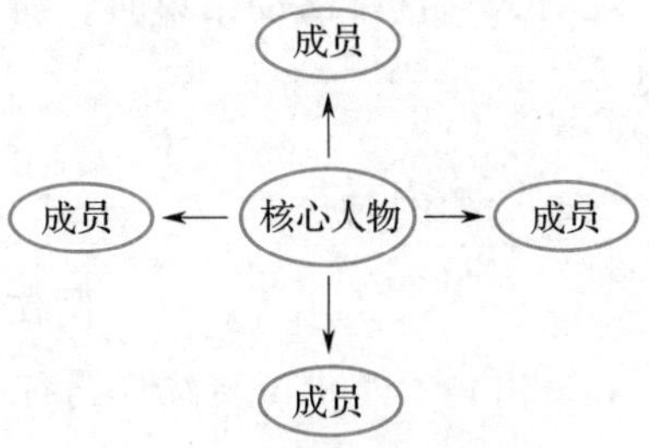


图 2-5　虚拟星状创业团队

### （四）格物致知

**创业者的素质**

某高职院校2014级国际商务专业学生李同学于2016年创立了温州创美包装有限公司，李同学在校期间就初步在速卖通、亚马逊、淘宝、阿里巴巴诚信通、微信、京东商城等平台成为跨境卖家。在“创中学，学中创”的氛围中，他不仅获得了创业技能，而且养成了吃苦耐劳的优秀品质。

自主创业对个人能力、资源等方面的要求较高。对毕业生来说，这既是一种挑战，也可获得极大的发展空间，这是就业所不能比拟的。创业梦想往往能更大限度地吸引创业者最终实现自我价值，使自己得到社会的认可。

**思考：** 1. 结合自身情况你觉得自己具有哪些创业者的素质？

2. 结合自己生活、学习中的经历，假如你要创业，会选择哪种类型的创业团队？为什么？

## 二、创业团队管理

### （一）行以致知

1. 活动主题：共建高楼。
2. 活动目的：认识创业团队的内部沟通和凝聚力的重要性。
3. 活动形式：小组活动。
4. 活动时间：15~20分钟。
5. 活动准备：5张报纸、1卷胶带、1把剪刀。
6. 活动步骤：

需要在20分钟内，用以上材料，尽可能高地建造自由耸立的大楼，纸张可任意裁剪，当宣布活动结束时，所有人需离开大楼使其独立耸立，不能有任何支撑。

### （二）案例导入

**同仁堂的团队管理**

北京同仁堂是中国传统医药行业的老字号，始建于清康熙八年（1669年），自雍正元年（1721年）正式辟为清代皇家药房。历代同仁堂人秉承“炮制虽繁必不敢省人工，品味虽贵必不敢减物力”的传统古训，树立了“修合无人见，存心有天知”的自律意识。其产品配方独特、选材精良、工艺精湛、疗效显著，在国内外享有盛誉，并远销40多个国家和地区。

同仁堂发展成为一个现代企业集团，离不开人才的作用。无论在历史上还是在今天，同仁堂都有许多精通医学理论和管理的专家人才。同仁堂从企业的实际发展出发，制定和完善以人为本的各项政策和待遇，实现人力资源的合理利用。比如，优先解决企业急需的各类专业人员的住房问题；对各类善于学习、工作表现突出的人员进行培训。同仁堂以关爱人、理解人、尊重人为原则，以提高员工综合素质为目标，从而形成具有鲜明特色的文化环境。

**思考：**同仁堂的团队管理文化是如何形成的？

## （三）知识探索

新创企业的管理，实际上包含公司组织、生产服务、市场营销等几个方面，新企业的管理重点一般会落在生产管理、市场、服务等环节上，会忽视团队的建设与管理，这种做法是不科学的。如何管理创业团队呢？主要有以下几点。

1）保持沟通流畅，营造相互信任的团队氛围。沟通是有效管理团队的最重要的内容之一。美国著名企业家杰克·韦尔奇说，“竞争、竞争、再竞争，沟通、沟通、再沟通”，顺畅的沟通是企业不断前进的命脉。没有沟通，团队就无法运转。其一，沟通使信息保持畅通，实现信息共享，避免因为信息缺失而出现错误的决策与行为。其二，沟通可以化解矛盾，增强团队成员彼此之间的信任。在长期合作共事的过程中，成员之间难免会有矛盾，缺少沟通可能导致相互猜疑、相互抱怨，矛盾会随着时间的推移越来越大，最后可能导致团队的分裂。而情感上的相互信任，是一个团队最坚实的合作基础。团队的好坏，根本原因在于人与人的“兼容性”，相互信任就是兼容过程中的润滑剂。其三，沟通可以有效地解决认知性冲突，提高团队决策的质量，促进决策方案的执行。在企业经营管理过程中，团队成员对有关问题会形成不一致的意见、观点和看法，这种论事不论人的分歧称之为认知性冲突。优秀的团队并不回避不同的意见，而是进行充分的沟通和交流，鼓励创造性的思维，提高团队决策质量。这也有助于推动团队成员对决策方案的理解和执行，提高组织绩效。

2）让合适的人做合适的事。从人力资源管理的“人岗匹配”原则来说，让合适的人做合适的事，是科学的用人原则。这样做的结果对个人来说，可以保证团队每一名成员得到发展，充分调动团队成员的潜能，激发其工作热情，将个人的优势发挥得淋漓尽致；对团队来说，扬长避短无疑是提高效率的最佳配置方式。

3）注重团队凝聚力。团队的凝聚力是指群体成员之间为实现共同目标而实施团结协作的程度，凝聚力表现在人们的个体动机行为对群体目标任务所具有的信赖性、依从性乃至服从性上。在创业过程中，团队所有成员都认同整个团队是一股密切联系而又缺一不可的力量。团队的利益高于团队每一位成员的利益，如果团队成员能够为团队的利益而舍弃自己的小利，团队的凝聚力就会极强。“没有完美的个人，只有完美的团队。”虽然创业团队中，每一位成员都可以独当一面，但是合作仍然是团队成员首先要学会的东西。成功的创业公司中，团队的成功远远高于个人的成功。创业者团队核心成员相互配合，共同激励，树立同舟共济的意识，才能成就梦想。

4）建立良好的分享与激励机制。激励是团队管理中极为重要的内容，直接关系到创业企业的生死存亡。如何对创业团队进行有效的激励，现在还没有固定的程式可以套用，但可以通过授权、股权激励、薪酬机制等诸多手段来实现。薪酬是实现有效激励最主要的手段，毕竟收益是创业成功的重要表征。在设计薪酬制度时，应考虑到差异原则、绩效原则、灵活原则。最终目的是通过合理的报酬让团队成员产生一种公平感，激发和促进创业团队成员的积极性，实现对创业团队的有效激励。团队中不仅要有资金的分享，还要有理念、观点、解决方案的分享。

5）建立合理的决策机制。要成为一个具有凝聚力的团队，团队核心人物（决策者）必须学会在没有完善的信息、团队成员没有统一的意见时做出决策，而且承担决策产生的后果。只要自己认为对的事情，不可优柔寡断，必须付诸行动。而正因为完善的信息和绝对的一致非常罕见，决策能力就成为一个团队能否成功最为关键的因素之一，但如果一个团队没有相互鼓励式的，富有建设性的意见讨论和相互没有戒备的辩论沟通，决策者就不可能学会决策。这是因为只有当团队成员彼此之间热烈地、不设防地争论，直率地说出自己的想法，团队核心人物才可能有信心做出充分集中集体智慧的决策。决策的主要内容是公司发展的长期目标与一定阶段的计划，还有一些是与公司发展相关的重大决策。

6）全力以赴地去执行。有了决策，还需要严格地执行，执行力也是一种显著的生产力。例如，在美国作家阿尔伯特·哈伯德的作品《把信送给加西亚》中，上尉罗文在接过美国总统的信时，不知道加西亚在哪里，只知道自己唯一要做的事是进入一个危机四伏的国家并找到这个人。他二话没说，没提任何要求，只是接过信，转过身，立即行动。他奋不顾身，排除一切干扰，想尽一切办法，用最快的速度去达成目标。在团队里，也许我们并不需要每个团队成员都异常聪明，因为过度聪明往往会导致自我意识膨胀，好大喜功；相反，却需要每个人都具有强烈的责任心和事业心，对于公司制订的业务计划和目标能够在理解、把握、吃透的基础上，细化、量化自己的工作，坚定不移地贯彻执行下去，对于过程中的每一个运作细节和每一个项目流程都要落到实处。其实，决策者的角色也不是一成不变的，决策者应首先以一个执行者来要求自己，只有当自己完成方案时，才能将方案交给其他执行者去执行。

7）制定严格的规章制度。“无规矩不成方圆”，一个初创团队，如果没有严格的规章制度（如绩效考核制度、财务管理制度、行政管理制度等）作为运转保障，就会成为一盘散沙。因此，最初创业时就要把该说的话说到，该立的规矩立好，把最基本的责、权、利说得明白、透彻，不要碍于情面含含糊糊。规章制度所具有的明确性的特点，有助于规范团队内部各成员的行为，使每个人都能恪尽职守，各司其职，避免新创企业中经常出现的团队成员职、责、权混淆的情况，避免出现因职、责、权、利等的分配分歧而导致创业团队的解散。

### （四）格物致知

#### 从“打工”到创业

某高职院校2001届会计专业毕业生程同学，毕业后担任杭州联华华商集团总经理助理，同时分管大综业态管理部、精选事业部、信息管理部、信息开发部、生鲜采购部、生鲜食品加工中心，并兼任浙江农华优质农副产品配送中心有限公司（G20杭州峰会食材总仓）采购和加工中心负责人。2019年起独立创立公司进行新零售行业创业工作，并为联华华商集团推进社区商业小业态升级工作。

2020年通过多年积累的资源，着手组建团队，通过对原公司人脉资源的整合，运营154家社区店铺，实现销售9.7亿，提升13%，利润7700万，提升20%。根据门店所在商圈定位、不同门店面积形成4种店群7套模板，在此基础上进行品类的差异化管理，同时对标超货架承载量依据类别陈列数据进行实地精准收集，调整原本货架长度折算的粗放型管理模式，提升模板店商品数管理的精度，避免品类管理上下脱节情况。

**思考：** 1. 如果你是一个创业者，你将如何建立自己团队的管理制度？

2. 假如你开始创业，你将怎样进行人才选拔和任用？是找猎头公司挖人，还是在熟悉的同学、朋友或亲戚里寻找？

## 三、创业团队成长

### （一）行以致知

1. 活动主题：金钱大集合。
2. 活动目的：认识创业团队的角色认知以及成员个性与团队角色定位之间的关系。
3. 活动形式：小组活动。
4. 活动时间：15~20 分钟。
5. 活动准备：钱币标识。
6. 活动步骤：

所有学员都会代表一定面值的钱币，比如男性代表1元、女性代表5角，也可以分组分配，把1角、2角、5角、1元、2元都表示出来，但最好能够用比较明显的标志来标示。活动开始之后，每隔一段时间，组织者会随机说出一个钱数，要求大家必须在5秒以内根据自己所代表的面值找到合适的伙伴累加成培训师所说的数字，如果有没有完成的学员，必须当场接受“惩罚”，比如做俯卧撑、蹲起、青蛙跳或者表演其他节目。

### （二）案例导入

**归国学子的创业团队成长之路**

2005 年，33 岁的海归张磊学成回国，决定创办自己的公司，在这之前他已经有了一次创业失败的经历。

公司成立时，创业团队仅有 5 人，而且除了张磊之外，其余 4 人都是硬拉过来的。当时张磊的朋友调侃他们：人都是看着很好的人，但是有点乌合之众的感觉。但再是乌合之众，张磊也始终坚持自己的选人标准：一是人品好，二是爱学习，三是能吃苦。张磊在自己的著作中，总结了他们几个创业伙伴的共同点，听来让人敬佩不已。

第一，他们从来都不知道怎么赚钱，但都非常擅长学习；第二，他们从来都不觉得有什么东西是学不会的，在学习上非常愿意花时间；第三，在实践中学习，边学边干，边干边学；第四，热衷于开诚布公地分享，发表自己的真实想法和意见，从不争论谁是对的，而是争论什么是对的；第五，酷爱读书，遇到一本好书便彼此分享读书心得。

就是这样一群什么都不懂的“乌合之众”，才知道学习的重要性，懂得分工合作的重要性，正是这些人，将企业打造成了一个不断求知、探索学习型、有社会责任感的公司。张磊创办的公司由最初的5人到现在的几百人，由最初的一穷二白，到现在公司市值破百亿，创造了属于自己和团队的创业神话，也走出了创业团队不断成长和企业不断发展的独特道路。

**思考：**为什么张磊把“爱学习”作为选择创业团队成员的标准之一？你觉得创业团队如何能够更好地成长？

## （三）知识探索

### 1. 创业团队的分工合作

携程网创始人之一梁建章曾说：“一个一流的技术与二流团队的组合在效能上比不上二流技术与一流团队的组合。”这句话说明了创业团队中各成员分工合作的重要性。著名的贝尔宾角色理论提出：“一支结构合理的团队应该由九种角色组成，每位团队成员必须清楚自己和其他人所扮演的角色，了解如何相互弥补不足，发挥彼此的优势，促进团队的成长。”这九种角色如图2-6所示。

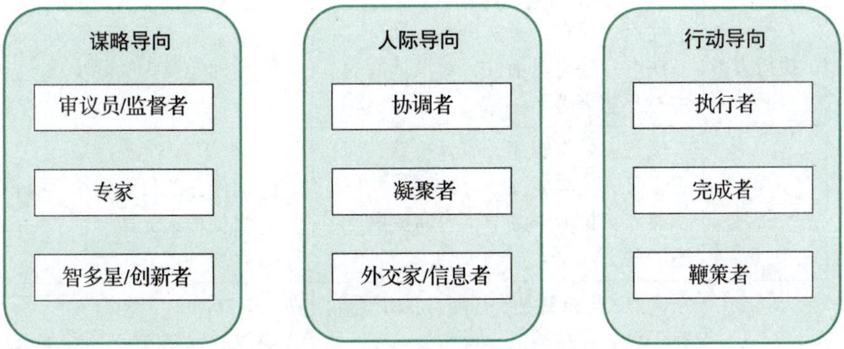


图2-6　贝尔宾角色理论

各角色在团队中的特征及作用见表 2–5。

表 2–5　贝尔宾角色理论中各角色的特征及作用

| 类型 | 角色 | 特征 | 在团队中的作用 |
| --- | --- | --- | --- |
| 谋略导向 | 审议员 / 监督者 | 优点：理智谨慎，判断力和分辨力强，讲求实际<br>缺点：缺乏鼓动和激发他人与自己的能力 | 分析问题和情景；对繁杂的材料予以简化，并澄清模糊不清的问题；对他人的判读和作用做出评价 |
| | 专家 | 优点：主动自觉，全情投入，能够提供不易掌握的专业知识和技能<br>缺点：能够贡献的范围有限，沉迷于个人兴趣 | 提供专业建议 |
| | 智多星 / 创新者 | 优点：思维活跃，想象丰富，知识面广新，具有创新精神<br>缺点：高高在上，不重细节，不拘礼仪 | 提供建议；提出批评并有助于引出相反意见；对已经形成的行动方案提出新的看法 |
| 人际导向 | 协调者 | 优点：沉着自信，看待问题比较客观，拥有控制局面的能力<br>缺点：在智能以及创造力方面稍逊一筹 | 协助明确团队目标和方向；帮助确定团队中的角色分工、责任和工作界限 |
| | 凝聚者 | 优点：擅长人际交往，温和，敏感，具有较强的环境适应能力和团队凝聚能力<br>缺点：危机时刻优柔寡断 | 给予他人支持与帮助，扭转或克服团队中出现的分歧 |
| | 外交家 / 信息者 | 优点：外向热情，好奇心强，人际关系广泛，消息灵通<br>缺点：兴趣转移快 | 提出建议，并引入外部信息 |
| 行动导向 | 执行者 | 优点：保守，务实可靠，勤奋<br>缺点：缺乏灵活性，对没把握的主意不感兴趣 | 将计划转换为实际步骤 |
| | 完成者 | 优点：勤奋有序，有紧迫感，理想主义，完美主义<br>缺点：拘泥于细节，容易焦虑，不洒脱 | 强调任务的目标要求；查漏补缺，督促他人完成 |
| | 鞭策者 | 优点：思维敏捷，开朗，主动探索，有干劲，爱挑战<br>缺点：好激起争端，爱冲动，易急躁 | 寻找和发现方案，推动团队达成一致意见，并朝向决策行动 |

2. 创业团队的社会责任

创业团队中的每个人都是社会中的一员，都肩负着一定的社会责任。团队成员之间是否能进行良好的分工合作，影响着整个团队的发展和未来。因此明确创业团队的社会责任与分工合作对创业者来说是相当重要的。

曾经有过一句话："能力越大，责任也越大。"作为一支成功的创业团队，在获取商业利益的同时，也不可忘了回馈社会。一个团队的成功是建立在政府支持和社会接纳的基础之上的，假如没有这些客观基础，团队也就失去了发展的平台。因此，团队领导者要以身作则，培养成员的社会责任感，使企业的每一个员工都可以在实际的日常行为中履行社会责任。

（1）经济责任

企业要生存就必须要盈利，因此在遵纪守法的前提下以最小的成本获取最大的利润是企业发展壮大的根本。随着企业利润的增加，企业需要向国家缴纳的赋税也相应增加，国家用于社会建设、巩固国防、开展慈善、扶贫等的能力就越高，这为丰富和满足民众生活提供了保障。

（2）法律责任

创业团队进行一切经营活动都必须遵守法律法规。例如，创业初期创业项目是否合法，是否允许经营；创业团队成员是否有劳动权利限制等。在创业初期，创业者应该了解相关的法律法规，以确保合法经营，避免违法，保障自己应有的合法权益。创业者需要了解的法律法规包括《中华人民共和国公司法》《中华人民共和国个人独资企业法》《中华人民共和国合伙企业法》《个体工商户条例》《中华人民共和国合同法》《中华人民共和国劳动法》《中华人民共和国企业劳动争议处理条例》《中华人民共和国反不正当竞争法》《中华人民共和国消费者权益保护法》等。

（3）公益责任

创业团队在关注自身利益的同时，还应努力使自己的企业运营活动、产品及服务对社会产生积极影响。创业团队应关心当前的社会环境，本着回报社会的思想，尽量为弱势群体和社会公益奉献自己的一份力量。

## （四）格物致知

### 企业的社会责任

某高职院校2018级会计专业白同学与7位同学于2019年创办了电子商务公

司。这是一家集短视频运营、电商、培训为一体的新媒体公司，公司把短视频和电商以及直播融合在一起，拥有完整的抖音销售、电商运营、直播带货的流程。

2020 年是直播带货火爆之年，直播间内人潮涌动，带货成绩不断刷新，然而对于一些农户们来说，想要搭上直播经济的“快车”还有不少需要克服的困难。白同学通过学校组织的“富阳区高素质农民培训”，义务开展抖音直播销售课程，用自己的微薄之力帮助农户搭建销售渠道，打开销售市场，被农户们称为抖音公益助农达人。

**思考：** 1. 如果你是一名创业者，你能够通过创业项目为社会公益做出哪些贡献？

2. 你觉得推动创业团队成长的因素有哪些？

03

CHAPTER THREE

# 第三章 创业实践

## 第一节 初创企业的建立

**“支持民营企业发展，是党中央的一贯方针，这一点丝毫不会动摇。”**

——习近平给“万企帮万村”行动中受表彰的民营企业家的回信

### 一、创业企业的类型

#### （一）行以致知

1. 活动主题：模拟创办公司。
2. 活动目的：通过模拟，探索和思考创办企业的流程。
3. 活动形式：小组 5~7 人。
4. 活动时间：15 分钟。
5. 活动准备：情景假设，创建一家教育科技公司或一家制造业公司，并思考应选择的法律组织形式。
6. 活动步骤：

1）每位成员介绍自己的选择，小组讨论并选择一种法律组织形式。

2）抽选小组进行介绍。

#### （二）案例导入

**“我”的迷茫：如何创办公司？**

小孟是学广告设计与制作专业的，在校期间跟着工作室的导师一起做广告策划、设计等项目，慢慢从中发现了商机，于是她和同学打算一起创业。在接项目的过程中，他们意识到接的都是小业务，小额资金往来只需支付宝或微信转账就可以了，但是大一点的业务，对方单位就要求开发票，于是他们准备创办一家公司，但是他们比较迷茫，是一个人出资还是一起出资？是否可以让其他风投机构投资？那么多的公司类型，应该怎么选择呢？哪种类型的企业才更有利于公司发展？

**思考：** 你和你的团队是否有过类似的经历？

### （三）知识探索

创办一家企业前，创业者必须先明确企业的法律组织形式。根据财产的组织形式和法律责任，初创企业法律组织形式的类别有多种，对于大学生创业而言，以独资企业、合伙制企业和公司制企业为主。

#### 1. 独资企业

独资企业，也叫个人独资企业，是指依照《中华人民共和国个人独资企业法》设立，由一个自然人投资，财产为投资人个人所有，投资人以其个人财产对企业债务承担无限责任的经营主体。

具有的特点如下。

1）个人独资企业由一个自然人投资设立。

2）个人独资企业是一个企业实体，其设立需要符合法律规定的场所、资金、人员等方面的条件。

3）个人独资企业投资人的个人财产与企业财产不分离，投资人以其个人财产对企业债务承担无限责任。

4）个人独资企业是非法人企业。

5）个人独资企业的出资人可以自行管理企业事务，也可以委托或聘用其他具有民事行为能力的人负责企业事务的管理。

6）个人独资企业是最常见的企业法律组织形式，一般规模较小，设立条件较宽裕，设立程序相对简单，进出市场相对灵活。

#### 2. 合伙制企业

合伙制企业是自然人、法人或其他组织依照《中华人民共和国合伙企业法》，在中国境内设立的普通合伙企业和有限合伙企业，必须订立书面协议，共同出资、合伙经营、共负盈亏，共担风险，合伙人对企业债务负连带无限责任。

具有的特点如下。

1）合伙制企业的设立主体包括自然人、法人和其他组织。

2）合伙人承担连带责任，即所有的合伙人对合伙企业的债务都有责任向债权人偿还，无论合伙协议中个人所承担的比例如何，当其中一个合伙人不能清偿对外债务时，其他合伙人都有责任清偿他的对外债务。同时，当其中一个合伙人偿还合伙企业的债务超过自己所应承担的数额时，有权向其他合伙人追偿。

3）合伙人承担无限责任，即所有的合伙人不以自己投入的合伙企业的资金和合伙企业所有的全部资产为限，而以合伙人自己所有的财产对债权人承担清偿责任。

4）合伙制企业须有合伙协议，合伙协议依法由全体合伙人协商一致，以书面形式订立。

3. 公司制企业

公司制企业是指依照《中华人民共和国公司法》在中国境内设立的有限责任公司和股份有限公司。

1）有限责任公司是指由一定人数的股东组成，股东只以其出资额为限对公司承担责任，公司只以其全部资产对公司债务承担责任的公司。

有限责任公司的特点主要有五个方面：第一，有限责任公司是企业法人，有独立的法人财产，享有法人财产权；第二，限定股东人数，有限责任公司的股东人数为 50 人以下；第三，有限责任公司以其全部财产对公司债务承担责任；第四，有限责任公司的股东以其认缴的出资额为限对公司承担责任；第五，有限责任公司股东共同制定公司章程。

2）股份有限公司是指由一定人数以上的股东组成，公司全部资本分为等额股份，股东以其所认购股份为限对公司承担责任，公司以其全部资产对公司债务承担责任的公司。

股份有限公司的特点主要有六个方面：第一，股份有限公司是企业法人，有独立的法人财产，享有法人财务权；第二，限定发起人人数，股份有限公司的发起人应当有 2 人以上 200 人以下；第三，股份有限公司以其全部财产对公司债务承担责任；第四，股份有限公司的股东以其认购的股份为限对公司承担责任；第五，股份有限公司股东共同制定公司章程；第六，股份有限公司的设立可以采取发起设立或募集设立的方式。

各类型企业的区别如表 3–1 所示。

表 3–1 各类型企业的区别

| 类型 | 责任 | 出资 | 税负 | 注册资金 | 其他 |
|---|---|---|---|---|---|
| 个体工商户 | 无限 | 个人出资或家庭出资 | 定期定额缴税；只缴个人所得税；不缴企业所得税 | 无规定 | 不能以“公司”“有限责任”等结尾，可以以“处”“所”“中心”等结尾 |
| 合伙企业 | 无限 | 两人及以上按合伙协议出资 | 按实际营收缴税；不缴企业所得税 | 无规定 | 同上，且必须有书面合伙协议 |
| 个人独资企业 | 无限 | 只能个人出资 | 按实际营收缴税；不缴企业所得税 | 无规定 | 完全自主经营，自负盈亏，自担风险 |
| 有限责任公司 | 有限 | 两人以上出资 | 按实际营收缴纳所得税 | “1 元” | 必须有公司章程，财务会计报告不要求审计公告 |
| 一人有限责任公司 | 有限 | 一股东（自然人） | 按实际营收缴税所得税 | “1 元” | 常出现家族企业，易出现管理及账务上的问题 |

## （四）格物致知

### 小李公司的股份分配问题

某高职院校 2015 级计算机专业的李同学，和几个小伙伴一起合伙准备创办一家科技公司，大家在商量注册成立一家有限责任公司的时候，四人计划每人出资金额一样，由陈同学担任企业法人，大家都是占股份额一样的公司股东，然后根据公司的经营内容和具体情况，拟定了公司章程。公司注册后进入运营阶段，在一次项目决策时，四个股东意见出现了分歧，商量了很久，四个人各执己见，结果因为没有及时拍板决定，导致项目被竞争对手获得，四人懊悔不已，也发现了均分股份的不利之处。

**思考：** 1. 李同学的企业可以选择哪些类型注册？

2. 合伙创办企业时，股权架构应该怎么设计？

## 二、创建企业的流程

### （一）行以致知

1. 活动主题：模拟注册公司。

2. 活动目的：通过模拟，探索和了解创办企业的基本流程以及应注意的事项。

3. 活动形式：小组 6~8 人。

4. 活动时间：15~20 分钟。

5. 活动准备：分配角色，包括创始人，团队成员，工商注册办理人员、税务办理人员、银行、企业注册顾问等，查询相关制度和规定。

6. 活动步骤：

1）每个角色按场景就位。

2）按事先了解的创办企业流程逐个办理。

### （二）案例导入

**身份证被盗用后的“创业”**

王某身份证遗失，该遗失的身份证被温州怡享仙指足浴有限公司冒用，王某被变更为该公司股东和法定代表人。经市场监管局查明：温州怡享仙指足浴有限公司申请办理变更登记，将原登记股东薛某凤 95% 股权（出资额人民币 9.5 万）转让至王某名下，同时将公司法定代表人由薛某凤变更为王某。登记机关当日核准了该变更登记。市场监管局接到报案后，到实地调查，发现该公司已搬离，查无下落。该局根据留存的原法定代表人及原股东电话号码联系未果，通过寄递方式送达的询问通知书也因无人签收被退回。同时，市场监管局将该公司该次变更登记中的相关签名材料，委托司法鉴定中心进行笔迹鉴定，鉴定结果为非王某本人所签。市场监管局根据上述事实，认定温州怡享仙指足浴有限公司提供虚假材料骗取变更登记。

**思考：**企业创始人作为法人有哪些法律责任?

### （三）知识探索

企业注册是指创业者根据国家法律法规相关规定获得合法经营手续的行为。为规范企业行为，保护企业及股东合法权益，维护社会经济秩序，促使社会主义市场经济发展，初创企业必须经国家登记机关依法登记，领取营业执照。未经国家登记机关登记的，不得以公司或企业的名义从事经营活动。初创企业注册流程包括企业名称核准、工商注册、办理印章、代码登记、银行开户、税务登记、社会保险登记。

目前各地都有大学生创办企业的绿色通道，第一可以节省时间，第二可以节省开办企业所需要的费用，第三可以简化注册流程。

注册公司流程如下。

1. 初创企业名称核准

初创企业名称通常是生产某类产品或提供某类服务企业的专有名称，是用文字形式表示的一个企业区别于其他企业或组织的特定标志。初创企业名称应按照《企业名称登记管理规定》和《企业名称登记管理实施办法》的相关规定，企业只准使用一个名称，登记主管机关辖区内不得与登记注册的同行业企业名称相同或相近。

按照国家有关法律规定，企业名称具有唯一性和排他性，一旦经核准登记，在规定范围内享有专用权，受法律保护，其他企业或个人不得与之混用或冒用。创业者在设计初创企业名称后，在注册登记前要到当地市场监督管理部门进行电脑查询，以确认自己设计的初创企业名称与已经工商注册登记的企业名称不相重。为了取得市场监督管理部门企业名称不相重的证明，创业者最好事先设计多个初创企业名称，做到有备无患。

2. 确认企业所在地

企业在成立时，需要选定一个地址作为注册地。这个注册地址的房屋可以是租赁的，也可以是自有的，无论是租赁或自有的房屋在进行工商注册登记时，必须提供该房屋的产权证明。若注册地址房屋产权属于企事业单位的房屋，需提供租赁合同原件及该单位的营业执照副本复印件并加盖公章。企业注册地址的房屋产权性质可以是住宅、商住、商业、办公、写字楼等，若产权性质为住宅或商住的，待企业名称核准下来后须提供当地居委会或业主委员会或物业公司加盖公章的《住所（经营场所）登记表》。

3. 编写公司章程

我国《公司法》明确规定，订立公司章程是注册公司的条件之一。审批机关和登记机关要对公司章程进行审查，以决定是否给予批准或者给予登记。企业若没有公司章程，不能获得批准，也不能获得登记。

公司章程是依法制定的规定公司名称、住所、经营范围、经营管理制度等重大事项的基本文件，是公司必备的规定公司组织及活动基本规则的书面文件。它是股东共同一致的意思表示，载明了公司组织和活动的基本准则，是公司的宪章。公司章程具有法定性、真实性、自治性和公开性的基本特征，对公司的成立及运营具有十分重要的意义，它既是公司成立的基础，也是公司赖以生存的灵魂。

4. 申请营业执照

营业执照是由工商行政管理部门颁发的企业或组织合法经营的凭证，企业取得了营业执照，即取得了合法经营权，享有从事生产经营活动的权利。

营业执照是确定企业权利和义务的依据，营业执照上核定的事项，是企业的最基本的情况，它向社会表明了企业最基本的权利义务，展示了企业活动合法与非法的界限，为人们认识和判断企业行为，为工商行政管理机关、人民法院解决经济纠纷，明确各方责任提供了依据。

营业执照对企业具有约束力，企业只有在执照核定的范围内从事生产经营活动，才会受到法律的保护，反之，即属违法，就要受到相应的处罚。

申请从事个体工商业经营的个人或者家庭，应当持所在地户籍证明及其他有关证明，向所在地工商行政管理机关申请登记，经县级工商行政管理机关核准领取营业执照后，方可营业。国家规定经营者需要具备特定条件或者需经行业主管部门批准的，应当在申请登记时提交有关批准文件。申请经营旅店业、刻字业、信托寄卖业、印刷业的，应当经所在地公安机关审查同意。

5. 初创企业办理印章

初创企业领取营业执照后，创业者需要到所在地公安局办理初创企业印章，并向他们提供相关文件，包括营业执照、法定代表人身份证明等。公安局审批后到指定的印章刻制单位刻制企业印章。需要注意的是，企业印章、企业匾牌、企业银行账户、企业信笺所使用的名称应与注册时的名称一致。

6. 初创企业银行开户

银行开户是初创企业与银行建立往来关系的基础。依据我国相关法律规定，每个独立核算的经济单位都必须在银行开户，各单位之间办理款项结算，除现金管理办法规定外，均需通过银行结算。单位银行结算账户包括基本存款账户、一般存款账户、专用存款账户、临时存款账户，不同存款账户的功能及用途各不相同。

创办初创企业需先开设一个临时存款账户，待初创企业获得营业执照后，该账户转为基本存款账户，也可以申请注销，另开基本存款账户。初创企业申请开设单位银行结算账户，应填写开户申请书，提供基本存款账户的企业同意其附属的非独立核算单位开户的证明等证件，送交盖有企业印章的卡片，经银行审核同意后开设账户。

### （四）格物致知

**“苹果小王子”的创办企业之路**

有“苹果小王子”称号的陈同学，是某高职院校2015级电子商务专业的学生。“我来自山西省运城市，不少家庭以种植苹果为生，每户都有十几亩地用来种苹果。从2015年开始，苹果开始大规模滞销，批发价降到七八毛，可能连成本都拿不回来，村里人急坏了。”那年11月，陈同学的妈妈给儿子打了电话，给他寄了20箱苹果，在其读书地试卖。由于苹果口感好，售价不高，苹果销量越来越好。

做苹果生意的第二年年底，陈同学发现有不少单位不再找他订年货了，有人告诉他，单位需要找正规的能开发票的企业，需要走招标流程。这个时候，陈同学才意识到，原来他之前的传统叫卖方式存在很大弊端。很多单位需要走财务报销流程，购买物品就需要提供发票，而他既不是个体商户，也不是企业。因此，2016年，他丢掉了很多订单。思来想去，陈同学认为，这几年做苹果生意已经打下了比较扎实的基础，拥有了一批老顾客，发展前景也比较好，要想长久在此发展，就必须注册公司，使其正规化，这样才能走得更快更远。于是，2016年年底，他创办了一家水果公司。2021年，公司在当地的水果门店已经扩展到了5家。

**思考：** 1. 为什么要注册成立企业？

2. 陈同学可以办哪种类型的企业？

## 三、创建企业的途径

### （一）行以致知

1. 活动主题：帽子收购大战。

2. 活动目的：通过活动，了解商业过程中的收购行为，从而全面认识企业收购。

3. 活动形式：小组 6~8 人。

4. 活动时间：15 分钟。

5. 活动准备：A4 纸、彩笔、尺子。

6. 活动步骤：

1）分配帽子生产商、帽子销售店、中间商、银行等角色。

2）帽子生产商生产和售卖帽子，中间商谈判，销售店分销。

3）小组分享结果，教师点评。

## （二）案例导入

**美团拥抱新时代，实现国内最大 AIGC 并购案**

2023 年 6 月 29 日，美团于香港联交所发布公告，称已完成光年之外境内外主体 100% 股权的收购，收购价约为 20.65 亿人民币。光年之外是国内领先的 AGI 创新者。美团方面表示，并购完成后，将支持光年团队继续在大模型领域进行探索和研究。公告指出，美团将收购光年之外的全部权益，总代价包括现金 2.34 亿美元、债务承担人民币 3.67 亿元及现金人民币 1 元。

美团在公告中对于并购的解释是，通过收购事项获得领先的 AGI 技术及人才，有机会加强其在快速增长的人工智能行业中的竞争力。美团见到 ChatGPT 带来的变革，坚定表态“必须参与”。

**思考：** 1. 大学生创办企业是否适合用并购的方法？

2. 影响企业持续发展的重要因素有哪些？

## （三）知识探索

开办企业主要有三种途径，分别是企业收购、初创企业创办和特许经营企业。

### 1. 企业收购

企业收购即购买现有的企业。如果从未开办过企业，那么购买并经营一家现成的企业会有许多好处。企业在建立客户关系、开发业务、训练员工、简历库存等方面都有一定的基础，可以利用现有的技术、市场、产品管理、企业文化等方面的资源，快速进入市场，实现创业梦想。

### 2. 初创企业创办

多数想创业的人都会认为创业最常用的方式是自己开办一家初创企业，包括独创和合伙创办两种形式。这种方式给予创业者最大的满足感，但是同时也意味着要承担比购买现成企业更高的风险。

### 3. 特许经营企业

特许经营是一种体系。特许人开发并经营一种业务，并愿意将其复制给受许人（加盟商）。加盟商使用特许人的企业理念开办企业，并向特许人付费。相应的，加盟商会得到培训、营销理念、品牌名称和产品或服务等方面的支持，还会得到特许人不再向同一地方其他人授权开办该业务的承诺。

## （四）格物致知

**做出正确的决策**

翁同学是某高职院校广告设计与制作专业的学生，在校期间，多次进行社会实践，积累了一定工作经验和资源，临近毕业，她想自己创业。她思考了各种企业形式的优缺点，认为独资的方式比较好。在准备期间，她了解到有毕业已创办企业的学姐要转让公司，据说在公司注册当地，有一定的客户资源，公司基础不错，原来的员工也可以留下来。翁同学觉得接收学姐的公司挺不错的，于是把这个想法告诉了家里。

**思考：** 1. 你认为翁同学会选择哪个途径创办企业？

2. 要想做出一个正确的决策，翁同学还需要了解什么信息？

# 第二节
# 初创企业的运营管理

**“发展是第一要务，人才是第一资源，创新是第一动力。”**

——习近平出席深圳经济特区建立40周年庆祝大会上的讲话

## 一、初创企业的管理特征

### （一）行以致知

1. 活动主题：策划营销方案。
2. 活动目的：通过制定策划方案，思考初创企业最关键的问题——生存。
3. 活动形式：小组6~8人。
4. 活动时间：15~20分钟。
5. 活动准备：阅读P112“苹果小王子”的创办企业之路案例。
6. 活动步骤：

1）各小组头脑风暴，为陈同学策划营销方案。

2）教师点评。

### （二）案例导入

**凉茶王老吉**

凉茶，是广东的一种地方性药饮产品，用来清热解毒祛暑湿。在两广以外，人们并没有凉茶的概念。红色王老吉以金银花、甘草、菊花等草本植物熬制，有淡淡中药味，对口味至上的饮料而言，市场推广有点困难。在调研中发现，广东的消费者饮用红色王老吉的场合多为烧烤、登山活动等，而他们评价红色王老吉时经常谈到不会上火。这些消费者的认知和购买消费行为均表明，消费者对红色王老吉并无治疗要求，而是作为一个功能饮料购买，购买红色王老吉的真实动机是用于预防上火。

进一步研究消费者对竞争产品的看法，则发现红色王老吉的直接竞争对手，如菊花茶、清凉茶等由于缺乏品牌推广，仅仅是低价渗透市场，并未占据预防上火的饮料的定位。而碳酸饮料、果汁、水等明显不具备预防上火的功能，是间接的竞争者。中国几千年的中药概念“清热解毒”在全国广为普及，上火、祛火的概念也在各地深入人心，这就使红色王老吉有了突破地域品牌局限的机会。其独特的价值在于——喝红色王老吉能预防上火。作为第一个能预防上火的饮料推向市场，使人们通过王老吉知道和接受了这种新饮料，最终成为预防上火饮料的代表。

开创新品类永远是品牌定位的首选，这也是初创企业打开市场大门，得以生存的关键。

**思考：**红色王老吉是怎样运营品牌而生存下来的？

### （三）知识探索

初创时期，这一阶段的企业始于两种情况：一是在获得一定专有技术后由个人独资、集体合资或国家投资创建的企业；二是由原有企业接管其他企业而转变成新的企业。处于初创期的企业，其生产设备简陋；拥有一定的生产技术或专有技术；生产规模小，产品市场份额低，固定成本大；企业组织结构简单，生产经营者与管理者合二为一，管理体制采取集权模式；资本主要是股东投入的股本和少量的债务；企业盈利能力低，现金流转不顺，经常出现财务困难。初创时期的企业经常采用“钻缝隙”策略，在某个产业的细分市场中提供异质产品或个性化的服务。由于企业规模小，正可谓“船小好调头”，能够快速适应环境的变化。另外，企业的管理模式还没有形成，各种内部控制制度还没有完全建立，管理机制灵活而富有弹性。

创业者要充分了解本企业管理的特性，从而对初创企业进行必要及有效的管理。初创企业的特性一般体现为以下三个方面。

#### 1. 以生存为第一目标

万事开头难，对于一个初创企业而言，所有的一切都是零，而所有的投入都还没有得到回报，因此，在这个阶段企业面临的第一个问题就是生存，第一个任务就是提高生存能力。为了能让企业生存下来，挖到第一桶金，企业的全体人员都需要全力以赴开拓业务，一切是以结果为导向。在这个阶段，企业一定要规避危及生存的事情发生，先谋生存，再图发展。

#### 2. 以自有资金创造自由现金流

初创企业由于经营的历史较短，融资、贷款等都比较困难，企业的发展力量主要来自一开始的自有资金。在开始阶段，现金不仅是对企业当下的发展至关重要，也是在给企业的未来奠定基础，作为企业的管理者必须每时每刻掌握企业资金的去向，尽快将资金流转起来，并加快流转速度。因此，企业开始阶段的生产经营活动是企业第一要务，是企业的生命线。

### 3. 形成全体人做全部事的管理局面

初创企业一般都出现全体人做全部事的局面，所谓全体人就是企业里面的每个人，包括创业者在内，而全部事就是所有大大小小的事。由于初创阶段企业内部管理的架构还不清晰，但是员工对于企业的忠诚度很高，凝聚力很强，大家都是劲往一处使，力往一处用，这是一种高度自律的运行状态，从而形成高效的团队运作模式，此时，创业者需要做的就是在员工合作过程中了解他们的优缺点，并对他们进行培训与提高，同时在安排他们合作的时候需要进行互补性的配合，这样既能发挥出每个员工的特性，又能提高工作效率。

### （四）格物致知

**小企业借力大品牌**

苏同学是某高职院校模具设计与制造专业的学生，大一入校后，他就创办了一家切削工具有限公司，公司主要以生产金属陶瓷刀片为主，他希望能将企业做大做强，成为引领中国刀具业的先锋，为中国智能制造贡献一份力量。

创业初期，他依靠家族企业的力量，与知名品牌“张小泉”进行了合作。虽然只是一个小合作，但是苏同学借助品牌效应，将这个合作的优势发挥到最大，积极进行宣传，实现传播效益，快速将公司推销出去，从而吸引了大量客户，使企业生存了下来。

**思考：** 1. 苏同学是如何进行营销的？

2. 苏同学的初创企业除了做市场营销外还要注意哪些方面的建设？

## 二、初创企业的成长因素

### （一）行以致知

1. 活动主题：特斯拉刹车失灵事件处置方案设计。
2. 活动目的：通过设计方案，能清楚分析突发事件给企业带来的市场变化，认识不断变化的市场环境。

3. 活动形式：小组 6~8 人。

4. 活动时间：15 分钟。

5. 活动准备：学生课前了解特斯拉刹车失灵事件。

6. 活动步骤：

1）请各小组角色扮演特斯拉专门处置该事件部门的员工，设计企业处置方案。

2）讨论并写明具体方案，例如如何跟客户谈判，如何赔偿客户，如何处置该批次车辆，以及后期的客户维护等。

3）选小组进行分享。

## （二）案例导入

### 华为从“土狼”到“世界级”的转变

任正非曾说过一句话：“人才不是华为的核心竞争力；对人才进行有效管理的能力，才是企业的核心竞争力。”《华为基本法》中有一句经典的话：“金无足赤，人无完人，优点突出的人缺点同样突出。”很多企业家也经常会说：“没有完美的个人，只有完美的团队。”团队组建不单指公司的核心领导团队，还包括一个部门的领导团队、一个项目的领导团队等。任正非有一句非常经典的话：“一杯咖啡，吸收全宇宙的能量。”这句话的意思是说，你需要经常出去跟别人喝咖啡、喝茶或者吃饭。前提是要有针对性地找那些对自己或企业发展有价值的人，即定向的人脉网络。

很多企业都非常重视自身人才队伍的建设，也就是内部人才的选拔、培养、使用和激励，但是往往忽略了企业业务生态发展的关键要素——人才生态。人才生态是一个三环结构，分别代表了企业内部员工、周边合作伙伴以及外部人脉网络。

度过创业期之后的华为，先后与几十家咨询顾问公司展开合作，仅 IBM 一家，华为的投入就是几十亿元人民币。这些咨询顾问公司凭借专业优势，让华为快速实现了从“土狼”到“世界级”的转变。除了这些机构，华为还聘请了许多不同领域的个人专家顾问，包括市场营销、产品开发、供应链管理、人力资源管理、财务管理等领域。

**思考：** 华为是怎样成长的？

### （三）知识探索

初创企业在发展的过程中，随着业务的开展，市场的扩大，营业额的提升，员工的增加，慢慢进入企业的成长阶段，而其成长的驱动因素主要包括创业者的个人能力、团队的能力、对市场需求的把控、合理利用资源几个方面。

#### 1. 创业者驱动

创业者是一个企业的核心，也是一个企业的决策人，对于初创企业的成长是起到关键作用的，任何一个决定，任何一次失误，可能都会导致企业的停滞甚至倒闭，作为创业者本身，有两个方面对企业的成长驱动是有裨益的，即创业者的能力与成长的欲望。创业者的能力越强，避开风险的概率就越大。而其成长的欲望，又恰恰能带动企业员工积极向上的工作态度，使得整个企业的目标感更加明确、使命感更加坚定、成就感更加显著。

#### 2. 团队驱动

创业团队的能力也是影响企业成长的一个关键因素，创业团队的优秀与否，直接关系到企业成长的步伐，主要表现在创业精神、专业能力以及组织水平这三个方面。

在创业精神方面主要表现为团队的创业欲望、决心以及干劲等，在本质上来讲主要是展现团队的价值观。一个积极向上的创业价值观可以引领企业一步步走向成功，并逐渐形成企业文化与创业战略。

而专业能力方面主要表现在技术、营销、管理方面。工欲善其事必先利其器，专业能力就是其中的一个“器”。有了较强的专业能力，很多方面都能事半功倍，更快达到预期的效果。

组织水平则主要体现在创业团队的组织形式和管理架构，这方面属于企业运作管理层面，对于一个有激情、有能力的创业团队而言，组织水平是起到绝对的保障作用的，一些成功的大企业，其组织水平都非常厉害，这样就有效地促进了企业成长，同时也为企业提供强大的机制保障。

#### 3. 市场驱动

在现有的市场经济背景下，市场的需求是企业生存的根本，初创企业在进入成长期的时候，一定会经历强烈的市场竞争，其成长与发展是相互矛盾的。但是由于供应商、消费者、初创企业、替代品、内部竞争等因素的存在，也会直接驱动企业的成长与发展。

企业盲目追求利润将不可避免地会给社会带来诸如环境污染、生态破坏等外部成本，这种市场失灵的情况就需要政府管制。政府将通过制定法律、规范和办法，采取一系列强制措施保证社会责任观念的贯彻和落实，甚至通过惩罚措施对那些恶意逃避社会责任的企业进行制裁。相反，政府对承担社会责任的企业实施扶持优惠措施，使更多的企业明白履行社会责任的重要性及其与企业长远发展的战略关系，引导企业积极承担社会责任。

经济全球化将市场经济的规则推向了全球，对于推动全球范围内“市场经济和自由贸易”的实现具有积极的意义。在经济全球化趋势下，世界市场日益形成相互依存、彼此互补的格局。企业社会责任不再是一个企业、一个国家的独立行为，而是全球供应链的共同责任，是一种世界潮流和趋势。许多国际组织、政府组织或非政府组织都在积极推动企业履行社会责任。美国率先推出了SA8000企业社会责任认证体系，世界经济合作与发展组织制定了《跨国企业行动指南》，国际劳工组织通过了《关于跨国公司和社会政策的三方原则宣言》《关于工作中的基本原则和权利宣言》，国际标准化组织相继推出了ISO9000（质量）、ISO14000（环境）、ISO26000（社会责任）。因此，企业要想在更高层次和更广范围参与国际合作与竞争，必须解放思想，转变观念，积极融入世界潮流，模范履行社会责任。

另外，值得长期关注的力量是非营利性的非政府组织，比如绿色和平组织等，虽然这些组织在中国目前还没有发出足够的声音，但是其未来驱动力不容忽视。

对于企业而言，获得消费者的信任已经不再是锦上添花，而是已经成为日常工作。如果消费者认为企业损害了他们的利益，就可以将手中的货币选票投给其他企业。他们甚至可以联合起来进行抵制，比如拒绝购买，以及通过消费者协会等机构进行维权，或者通过法律予以体现，最后在市场上形成对企业产品的排斥。这都会严重驱动企业的生存与发展。相反，因为获得信任而成功的企业不乏先例。

投资者在做投资决策的时候，会把被投资企业的社会环境和企业治理问题纳入到投资依据中，而且要能证明，投资这样一个富有社会责任感的企业对投资者而言会有一个长期的利润回报。

### （四）格物致知

**市场瞬息万变，企业未雨绸缪**

毛同学是某高职院校建筑经济管理专业毕业生，由于自己所读专业需要考建筑“五大员”证，因此他产生了开一家教育培训机构的想法，随后他创办了一家教育公司。2021 年，随着国家“双减”政策的实施，教育行业发生天翻地覆的变化。毛同学的教育培训机构虽然未受到很大影响，但也给他敲响了警钟。他更加觉得未雨绸缪很重要，市场风雨变幻经常有，要早谋划早行动。事实上，在 2018 年，毛同学就将线下培训逐渐转换成“线上 + 线下”模式，还将业务范围从建筑“五大员”培训扩展到学历教育、职业技能培训，顺应“互联网 + 教育”模式，他也尝试各种商业模式进行运营。目前毛同学正在准备开分公司。

**思考：** 1. 作为创业者，毛同学身上有什么特点？
2. 毛同学该如何挖掘市场需求？

## 三、企业风险的识别与控制

### （一）行以致知

1. 活动主题：1000 元的单人旅行。
2. 活动目的：通过设计方案，合理规划、规避风险，认识到识别和控制风险的重要性。
3. 活动形式：小组 4~6 人。
4. 活动时间：15 分钟。
5. 活动准备：每人 1 张 A4 纸张，每组 1 套彩色笔。
6. 活动步骤：

1）将单人旅行方案列在纸上，包括目的地、交通工具、住宿、费用等，并列出备选方案。

2）小组代表发言介绍具体方案以及可能存在的风险。

### （二）案例导入

**企业的“摩尔定律”**

“华为的危机，以及萎缩、破产是一定会来到的。”——这是任正非痛苦的清醒意识。

“微软离破产永远只有 18 个月。”——这是比尔·盖茨紧迫的危机感。

“只有偏执狂才能生存。”——这是英特尔的格鲁夫内省后的感触。

海尔的张瑞敏感觉“每天的心情都是如履薄冰，如临深渊。”

在世界五百强企业中，能坚持在榜十年的企业为数不多。在市场竞争激烈的现代社会，企业家心中强烈的危机感是无可名状的。或许正是因为有了这种危机感，有了这种冷静的“冬天”意识，他们才能带领企业渡过一个又一个难关，让企业生存得久一点，再久一点。如果说将企业做大做强是在创造一种辉煌的话，那么最大限度地延长企业的生存周期则是在创造一种文化。创一块老招牌需要几代人的努力，做百年企业同样如此，贯通其间的是一种不变的文化和制度。

“微软离破产永远只有18个月。”根据摩尔定律，一个产品的研发周期是18个月，如果微软的软件18个月没有更新，也就意味着微软面临倒闭。所以才有了比尔·盖茨告诫员工的这句话，正是这一句话的激励，微软时刻怀着巨大的危机感，不断积极进取，短短20年就发展成为了世界最大的软件企业。如今，微软的操作系统仍旧垄断着88.5%以上的全球市场，危机文化功不可没。

**思考：**初创企业应怎样理解企业危机?

### （三）知识探索

初创企业在运营与管理中，一定会遇到由于企业外部环境突变和内部决策不当而产生的风险，这些风险将直接影响初创企业的成败。创业者一定要有心理准备，这些风险将一直伴随着企业的成长，尤其在创业初期，了解初创企业在运营中可能遇到的创业风险，提升风险控制的能力，并予以及时化解，是创业者必须具备的能力。

#### 1. 管理

风险：初创企业各项生产经营活动都是并行处理的，团队成员需要处理公司的各项事务，因此，创业者对于日常管理会比较放松，如果创业者管理能力不强，初创企业的管理就会出现混乱、无序的局面，给初创企业带来风险。

化解：完善管理制度是初创企业生存与发展的重要任务之一。创业者要遵循国家对员工管理方面的法律法规，建立完整的管理制度，如考勤制度、考核制度、薪酬分配制度、奖惩制度、保密制度等，全方位调动员工对于企业生产的创造性与积极性，凝聚员工的力量，为实现初创企业发展目标而竭尽全力，避免因员工管理不到位而造成不必要的损失。

2. 资金

风险：创业者的创业资金一般来讲都是不够充足的，固定资产的投入可能已经占了很大一部分了，这就导致在企业起步阶段的流动资金会较少，影响企业的持续发展。

化解：建立财务管理制度是初创企业又一个重要任务。创业者要制定相应的财务计划，实施相应的报销制度，现金流量、预算、核算和成本控制制度，以及资金使用效益监督制度，建立财务管理激励机制与评估体系，加强对流动资金的管理，不断提高初创企业流动资金的周转率、变现能力与短期内偿还债务能力，有效化解资金短缺的风险。

3. 支持

风险：为了让初创企业经营活动能够顺利起步，创业者一般会与政府管理部门、投资商、供应商、股东和消费者等主动接触与沟通，并形成有利于初创企业运营的社会网络系统。如创业者得不到各方面的支持，创业者就会失去竞争优势。

化解：创业者要对初创企业产品或服务的功能性指标与非功能性指标进行调研，收集目标消费者试用产品或服务的意见，通过召开咨询会或研讨会等形式，听取相关人士对初创企业产品或服务在市场准入、市场定位和市场竞争等方面的建议，进而完善新企业产品或服务的技术环节或工艺流程，建立应对市场风险的行为策略。

4. 市场

风险：初创企业处于起步阶段，生产经营活动的成功与失败取决于市场对其产品或服务的检验结果。若创业者判断不准确，过高地估计企业产品或服务的市场前景，将造成产品或服务的销售收入与企业市场预期目标相差甚远，进而使初创企业收支持续不平衡。

化解：市场风险在初创企业生存阶段体现得愈加明显，影响初创企业生存与发展。创业者要对初创企业产品或服务的功能性指标与非功能性指标进行调研，收集目标消费者试用产品或服务的意见。

## （四）格物致知

### 风险与商机共存

耿同学是某高职院校 2015 届建筑专业毕业生，从小受家庭创业氛围的熏陶，大一期间，他就与同学开始策划“旅游天堂”APP项目，项目整合了杭州及其周边城市优质的旅游景区门票资源（杭州西湖、杭州乐园、宋城、极地海洋公园、西溪湿地，以及乌镇、西塘、南京、苏州、上海等地景区）及专业的旅游服务地接团队（导游、车辆、保险等），专门为大学生提供物美价廉的线上门票订购和线下旅游对接服务。经过团队的共同努力，耿同学从“旅游天堂”创业项目中赚到了人生的第一桶金，在解决了团队生存问题同时积累了丰富的商务谈判、市场销售及团队管理的经验。

随后，耿同学与他人公司合伙，通过整合浙江省和海南省的景区、美食店及酒店资源，主要在“阿里旅行 - 去啊”平台（现名称：飞猪）上做高性价比的景区门票预订、美食券销售和酒店住宿服务，同时推出各类优质的线路及产品组合。一年时间，他们的销售额做到了1.2亿元，并且多次荣登天猫同类产品搜索榜的榜首位置。

在做旅游项目的同时，耿同学认识到旅游行业门槛低，可持续性不足等问题，他认为随着电商平台流量红利的减少，巨头介入，低价竞争将成为旅游电商的主旋律。

**思考：** 1. 做旅游项目的风险有哪些？

2. 耿同学该怎么进行风险识别和控制？

# 第三节
# 初创企业的成长与发展

**“加快建设世界重要人才中心和创新高地，必须把握战略主动，做好顶层设计和战略谋划。”**

——习近平在中央人才工作会议上的讲话

## 一、初创企业的成长规律

### （一）行以致知

1. 活动主题：勾画企业成长图。

2. 活动目的：让学生了解企业成长的规律以及影响企业成长的内外部因素。

3. 活动形式：小组 6~8 人。

4. 活动时间：15~20 分钟。

5. 活动准备：白纸、彩色笔。

6. 活动步骤：

1）课前布置任务：小组成员通过访谈、调研、网络等途径，找 1 家企业，了解该企业近 5 年的成长情况。

2）小组讨论，影响该企业成长的因素有哪些，并进行排序，写在大白纸上或画思维导图。

3）小组分享，谈企业成长的影响因素，以及小组成员的一些想法。

### （二）案例导入

**“合伙人”的选择**

张同学、李同学、曾同学，三个年轻人从学生时代相遇、相识，毕业后，各自学习、工作。一次机缘巧合，从国外学成归来的张同学发现市场上开展学生素质教育的机构比较少，于是他联系了另外两位同学，三人一拍即合，共同创办了一家素质教育培训机构。三人凭借个人魅力，包括张同学的幽默教学法，李同学的国外留学经验，以及曾同学的创新教学，让素质教育培训机构运转得非常顺利。第二年，机构扩大规模，门店由原来的一家扩展到三家。由于尝到了成功的滋味，李同学变得有些自大，让曾同学看不过去，二人渐渐貌合神离，张同学夹在中间左右做人难……

**思考：** 企业初创时期，团队合作、人力资源管理等方面，该怎么做会更有效？

## （三）知识探索

企业的创建与成长也如同人的生命一样，是有周期规律的。一般要经过培育期、成长期、成熟期和衰退期四个阶段。由于初创企业平均寿命短，如何使之生存、发展、壮大，成为创业者们共同思考的问题。

对企业生命周期的研究，比较有名的是哈佛大学拉瑞·葛雷纳教授提出的四阶段模型（见图 3-1）。

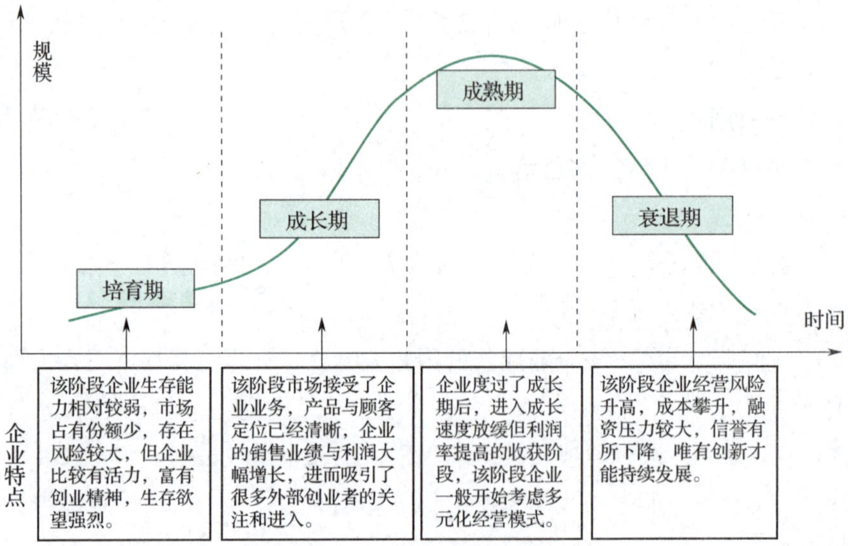


图 3-1　企业的四阶段模型

培育期：处于该阶段的初创企业，生存能力相对较弱，市场占有份额少，管理能力弱，市场地位不稳定，很容易受到市场的威胁，存在风险较大。但该阶段的初创企业比较有活力，富有创业精神，生存欲望强烈，团队成员所迸发出来的奋斗精神、创新精神、勇往直前精神是这一时期企业成长的主要动力，是精神转化为物质的阶段。在这个阶段，初创企业经常进行创意酝酿与创业业务探索，这个过程是企业消除四种不确定性的过程，包括技术、市场、生产、管理，其中最大的不确定性来自于市场以及产品技术与市场的对接。这个阶段的首要问题是解决如何生存下去，只有活下去了，才能为将来的快速成长创造机会和希望。

成长期：度过培育期，初创企业生存下来了，就可以继续成长，这是创业者希望并为之努力的方向。成长期是指由小企业发展壮大为中型或大型企业的规模扩张状态。处于成长期的企业可以在较短的时间内获得高速度成长，这时期的企业也容易成为行业内吸引人的企业。这个阶段的特征是市场接受了企业业务，产品与顾客定位已经清晰，企业的销售业绩与利润大幅增长，进而吸引了很多外部创业者的关注和进入。创业企业可能会因为自我复制能力弱而出现业绩增长滞缓的情况，称其为成长受阻。企业在成长前期将遇到两个限制性因素，一是市场容量成长速度会逐渐变缓，二是进入者数量会越来越多，在这两个因素作用下，创业企业的市场份额将趋于下降，业务量将呈现饱和趋势，甚至可能会随着市场成熟期的到来而进入饱和状态。而有些企业此时采取了内创业方式，找到新的业绩增长点，使企业继续保持着高速增长，这种用新的业务保持企业成长的阶段被称为成长后期。

成熟期：企业度过了成长期后，就会进入成长速度放缓但利润率提高的收获阶段，这个阶段称为成熟期。成熟期的企业一般开始考虑多元化经营模式。追求可持续发展的企业，会有效地利用成熟期获得的可观利润再投入到新业务中去。当现有业务的开展无法提供满意的企业发展空间时，企业必须寻找新的突破口或增长点。这一转变使企业发生蜕变。

能进入成熟期的企业数量不多，绝大多数企业在成长期就被市场残忍淘汰了。因此，成熟期的企业往往在规模和利润上都有了较大成长，市场份额也占得越来越多。

衰退期：企业不可能一帆风顺，有全盛时期，自然也有衰退期。当企业进入衰退期时，企业经营风险升高，现金流量逐渐减少，成本攀升，融资压力较大，信誉有所下降，这些都预示着企业经营环境在不断恶化，财务风险在不断增加。所以，处于衰退期的企业必须要摆脱困境求得新发展，必须根据形势的变化，针对企业衰退期的经营特征及财务压力对企业财务战略做出大的调整，以缩短企业衰退期，使企业尽快在创新中获得新生。

企业能持续发展的途径只有一条：创新。企业首先通过不断创新产品或服务而获得持续发展。其次，企业可以通过技术创新，突破技术瓶颈而获得持续发展。企业还可以通过制度创新，不断为企业可持续发展构建新的制度平台，从而获得持续发展。这一系列的创业，就是企业的“蜕变”过程。

在企业生命周期的不同阶段，企业会碰到不同的问题。当一个阶段跨越到另外一个阶段时，问题就会产生。为了生存和发展，企业必须进行创新，寻找突破口，开发新增长点。企业凭借自己内在的能量就可以解决正常性的问题，不正常问题则需要外部干预。企业成长和发展意味着具备了处理更大、更复杂问题的能力。在这里，创业者对企业进行有效管理，能够使企业生存，并且更加快速和高效地发展，使企业迅速进入下一个更富有挑战性和活力的阶段，并使企业走向全盛时期。

### （四）格物致知

**模特事业的“起起伏伏”**

薛同学是某高职院校2015届建筑专业学生。刚进大学时，由于兴趣爱好，薛同学和几位同学一起组建了一支模特团队，兼职去校外进行商业演出。慢慢地，在校内外打响了一定知名度。大二时，这几位同学一起商量后，注册成立了一家文化创意有限公司。成立公司后，该团队模特商演业务做得风生水起，经常各地跑，还参加各种比赛。大三时，薛同学感觉有点力不从心，很多团队成员要毕业找工作了，再去招在校学生来充足团队，需要投入大量人力、物力、财力，渐渐地，事业陷入了瓶颈。2015年，随着薛同学的毕业，他回老家进行发展，他计划将公司迁到老家。但是除了零星接到一些业务外，他的公司还无法与当地的成熟企业进行竞争，随后一年，企业基本处于亏损状态。2017年，他转让了这家文化创意有限公司。

**思考：** 1. 通过该案例，你是如何看企业成长周期的？

2. 如果是你，你会如何发展处于困境中的这家文化创意有限公司？

## 二、初创企业的人力资源管理

### （一）行以致知

1. 活动主题：制订人才激励方案。
2. 活动目的：认识人才激励的方法。
3. 活动形式：小组6~8人。
4. 活动时间：15分钟。

5. 活动准备：白纸、彩色笔。

6. 活动步骤：

1）课前布置任务：小组成员通过访谈、调研、网络等途径，找一家企业，了解该企业人才激励方案。

2）将小组收集的人才激励方案列出来，并排序。

3）小组分享认可的人才激励方案。

### （二）案例导入

**华为的全员持股激励政策**

华为，成立于1987年，是国内一家知名民营企业，是全球领先的ICT（信息与通信）基础设施和智能终端提供商，公司坚持稳健经营、持续创新、开放合作，致力于把数字世界带入每个人、每个家庭、每个组织，构建万物互联的智能世界。

1991年9月，华为租下了深圳的一幢工业大厦三楼作为研制程控交换机的场所，50多名年轻员工跟随任正非来到这栋破旧的厂房中，开始了他们充满艰险和未知的创业之路，他们的吃住都在这层楼里，可是无人抱怨、没人离开。他们在机器的高温下挥汗如雨夜以继日地作业，设计制作电路板、话务台、焊接电路板，编写软件，调试设备。几年后，华为公司总部搬到了深圳龙岗坂田华为工业园内，华为熬过了创业的艰苦岁月。基于此，华为有了全员持股的激励制度。

**思考：**你认为企业的激励制度应该包含哪些内容？

### （三）知识探索

如何使初创企业能够稳定而持久的发展，人是关键。人力资源是社会各项资源中最为关键的资源，会对企业产生重大影响。企业非常重视人力资源管理，科学而合理的人力资源管理，能提高企业的工作效率，实现人力资源的最优化，最终帮助企业实现战略目标。

#### 1. 实施人才战略

要在做好企业现有人员素质情况调查的基础上，认真分析企业的人才结构，根据企业未来发展需要，制定企业人才培养的实施计划。要改变用人观念，大力加强人才的引进和培养，在用好公司现有人才的基础上，对公司目前急缺的人才靠引进和聘用来解决，同时加强新来大学生的培养力度，做好人才储备。

在做好引进人才的同时，还应注重企业现有人才的培养，调配和有效利用现有的人才资源，挖掘现有人才的聪明才智，扩展其才能，提升其进一步为企业发挥智力的积极性。要鼓励他们立足本职、潜心学习，主动帮助他们解决有关实际问题；对具有一定实践经验、有培养前途的现有人才，要创造条件把他们送到有关院校进行专门的理论培训，进一步拓宽其知识面，尽早培养成为企业自己的高级专业人才。

2. 建立人才激励机制

初创企业的持续发展，需要建立对应的人才激励机制，使人能尽其才。企业参与市场竞争，要生存，要发展，离不开稳定的人才队伍，因此在人才的使用上，要建立一整套“事业留人，感情留人，政策留人”的用人奖惩机制。公司要尽力解决他们的后顾之忧，生活上多关心他们，为他们营造一个尊重、和谐、进取的环境，让他们去发挥、去创造；让员工参与到企业管理中去，充分发挥员工的聪明才智，调动积极性，实行自我管理；敞开渠道，鼓励员工为公司的发展献计献策，只要有利于公司的发展壮大，有利于提高公司的经济效益，就应该按贡献大小给予不同的奖励。使每个员工产生一种归属感和成就感，自觉充分发挥自己的才能，使他们感到公司不仅仅是发挥才干的地方，同时也是他们提升才干的地方，做到公司与员工在利益上的双赢。

3. 树立团队意识

初创企业，往往是一个人牵头，拉上自己原来的同事、同学、亲属或者行业内原来打过交道的生意伙伴一起来开创一个新事业。各人性格不同，做事方式不同，在一起就必须有一个磨合的过程。经营企业是一个系统工程，有人适合做管理，有人适合搞技术，有人适合管生产，有人适合打市场，必须有一个互信，有共同目标和理念，但又优势互补，执行力强的团队，才能使企业正常发展。

团队意识指整体配合意识，分为团队目标、团队角色、团队关系及团队运作过程四个方面。团队意识表现为企业这个整体的集体力，是企业全体成员的向心力、凝聚力，“心往一处想，劲往一处使”，真正把自己看成是企业的一部分。有团队意识的企业，能使员工产生归属感，并以此为自己全部生活、价值的依托和归宿。能使每个员工有安全感，深深体会到企业是自我获得基本生活保障和立命安身之所。

### （四）格物致知

**从网红到老板**

汪同学是某高职院校2016届艺术专业毕业生，在校期间接触抖音比较多，因此，慢慢干起了网红孵化的项目。先是在校期间招了几个同学一起进行直播，专门介绍美妆和大学生活。随着粉丝量的增加，团队开始帮附近地区的农户销售番薯、豆腐皮、水果等农产品。2017年，他认识了旅游专业的蒋同学，两人相见恨晚，汪同学擅长跑外接洽客户，对接资源，蒋同学负责团队建设和日常管理。经过1年的合作，汪同学把公司股份分了一部分给蒋同学，两人成为紧密合作伙伴。毕业后，两人将公司开回了老家——浙江湖州，凭借当地人脉资源以及国家对大学生创业的支持政策，两人的网红孵化公司拿下了100多平方米的场地，获得了当地政府10万元的创业资金支持。团队成员也从最初的5人扩展到目前的20余人，业务也从简单的直播拓展到网红孵化等。

**思考：** 1. 通过阅读该案例，可以借鉴哪些做法？

2. 该案例中的公司是怎么进行人力资源管理的？

## 三、初创企业的发展

### （一）行以致知

1. 活动主题：搭纸牌活动。

2. 活动目的：搭纸牌如同创业，需要找资源，需要团队合作，需要了解竞争对手情况，需要使用外力，这是初创企业需要努力的方向。

3. 活动形式：小组6~8人。

4. 活动时间：15分钟。

5. 活动准备：每小组两副扑克牌。

6. 活动步骤：

1）5分钟讨论。

2）10分钟搭纸牌时间，纸牌可以任意处理。

3）纸牌搭得最高、最稳定的小组获胜。

## （二）案例导入

### 蜜雪冰城的发展策略

蜜雪冰城是以“新鲜冰激凌＋茶饮”为主的大型连锁奶茶店，将高品质低价格与健康新鲜熔合一体，为消费者提供物超所值的特色产品。蜜雪冰城善用品牌IP化营销，并且敢于创新，推陈出新。

1.品牌IP化的营销

品牌IP化作为互联网时代的产物，就是运用IP思维打造品牌形象，为品牌塑造人格，通过品牌的人格化，增强品牌的竞争力，实现品牌的“去商业化式”传播。蜜雪冰城的IP由一个拿着冰淇淋权杖的雪王形象和一首洗脑神曲构成。在形象设计上，雪王生动可爱，红色的披风与蜜雪冰城的品牌logo和包装相呼应，冰淇淋权杖和皇冠更是提高了它的辨识度。在情感认知上，雪王角色灵动可爱，展现了小人物的平凡梦想，也与蜜雪冰城“传递幸福和分享甜蜜，致力于让全球每个人享受高质平价的美味”的使命相照应。

2.积极拓展品类

与许多公司的多品牌策略相反，蜜雪冰城致力于单一品牌的品类拓展。首先，是品类的突破。蜜雪冰城目前虽然以“柠檬水”“摇摇奶昔”和“华夫冰淇淋”为最热卖的产品，但它持续加大在爆品打造和新品研发方面的力度，并努力将价格做到极致。

3.推出衍生品

周边衍生品不断推陈出新。官方淘宝店还推出了雪王花果茶、雪王毛绒挂件、随行吸管杯、奶茶桶、零钱包、钥匙扣等一系列产品。文创IP的注入为蜜雪冰城增添了新的生机。

**思考：** 蜜雪冰城发展成功的因素有哪些？

## （三）知识探索

初创企业发展的关键不在于模式或手段，而在于了解初创企业成长过程的不同阶段所具有的规律及对规律的把握。在初创企业成长过程中，竞争要素由产品功能转化为质量，再转向销售方式和价格，而所需的管理能力也由产品创新转为流程创新，再转为营销创新。

### 1. 影响企业发展的因素

企业应能适应社会的发展，所谓适者生存，便是这个道理。要考察企业的发展前景，就要分析企业所处的行业、面对的市场和企业自身的条件、资源等影响因素。

1）行业类别。行业种类的特点就像动物的遗传基因一样，是一个带有自然属性的现象。比如超市、美食店等，它由周边辐射的居民数量决定，所以区域的选择很重要。例如在校生的创业项目，如果脱离校园，可能就很难生存下去。又如做高科技产品的，这类企业并不依附校园及周边人流量，而是纯粹看市场是否需要这个产品，或者说这个技术转化成产品能不能解决社会的痛点，因此行业类别不同，企业的发展也有所差异。

2）市场容量。企业规模要与市场需求量相适应。有的产品价值小、质量大，利润会被运费“吃掉”；有的产品受保质时间限制，不宜开拓远方市场。这两类产品受产地市场的容量限制，进而就决定了企业的发展规模。

3）开拓能力。新的产品与开拓市场的能力有直接关系。企业是否拥有这种能力，同样决定产品的数量进而决定企业的发展规模。如果产品制造容易，而销售相对困难，规模设定就一定要与企业在一定时期（比如一年）可能具备的市场开拓能力相适应。

4）可用资金。它与企业发展规模是最直接的正比例关系。可用资金的供给必须持续到良性循环的那个时间点：销售收入开始进账的那一天。这时，企业运转的耗费才开始得以补偿。在这一天到来之前，资金是不停顿地投入且不能中断的。如果资金的准备不能维持到这一天，投资的项目就会夭折。

5）管理能力。管理能力的形成，建立在企业发展的过程中。比如管理费用，哪些绝对不可以发生，哪些要控制，控制到什么程度，如何控制等，都只能在实际操作中做出规定。既然能力的产生是实践的过程，投资规模就要与管理能力相适应，否则便将败于管理。

因此，对初创企业来说，不能一味地追求无限的发展，而要根据实际情况因地、因时、因势制宜，先生存，后发展，根据企业的实际情况，制定短期战略和长期战略，这才是企业的生存之本。

### 2. 企业发展须适应市场需求

企业要求生存、求发展，就一定要形成自己的优势，哪怕是暂时的、局部的优势，从而在市场竞争中占据一席生存之地。对于初创企业来说，必须先适应市场需求，继而形成自己的战略优势。如果不适应就会被淘汰，市场瞬息万变，前一秒还存在的企业，也许后一秒就被后浪拍死在沙滩上。下面介绍怎么适应市场需求。

（1）正确认识自身企业的状况

所谓正确认识自身企业的状况，就是首先从承认和认识“自己是弱者”开始。因为，只有承认自己是弱者，才能在激烈的国内外市场竞争中生存和发展。

企业创建初期总体来说是弱者，因为它经营规模小，承受冲击能力弱；信息网络不健全，要迅速、全面把握市场的动向有一定困难；销售网尚未建成，对销售商依赖很大，缺少与销售商讨价还价的能力；社会声望不高，融资困难。

但是，初创企业也绝非一无是处，一般来讲，起码有两大武器往往是优于大企业的，第一是危机感深重，有强烈的摆脱危机，求生存、求发展的欲望，有强烈的进步欲望，有艰苦奋斗、努力拼搏的思想基础；第二是机动灵活。常言谓之“船小好调头”，只要有好的发展机会，舍弃原有的经营业务也在所不惜；企业规模小，架构简单，企业内部信息渠道通畅，因而具有反应灵敏的优势，统一内部认识比较容易。

（2）抓住机会，走在变化的前面

对于初创企业，更大的发展机会存在于变化之中。因为对先进企业来说，变化有可能存在使他们失去现有优势和现有实力的危险。但对于新兴企业，变化就是机会，能持续成长的初创企业，必须对外部的复杂环境表现出高度的灵敏性。

外部环境变化可能提供的机会有以下多种：① 科技进步，新技术、新材料、新工艺、新产品的出现；② 顾客需求多样化、特殊化、个性化；③ 政策法律的改变；④ 各国产业结构与经济体制的调整。

面对机会，初创企业需要应对各种变化，对这些变化有高度的敏锐性，并善于从各种变化中发现、掌握和利用变化的各种机会。这就必须建立企业对外界可能发生的种种变化迅速做出反应的机制，对影响企业发展的环境因素进行科学的预测，进而选择、制订正确的战略方案，建立适应开拓的强有力的经营结构，使企业的活动有计划、分步骤地走在变化前列，时机成熟时迅速出击，超越对手，把劣势变成优势。

（3）注重产业和技术发展，细分市场

1）产业和技术发展。产业发展周期在一定程度上会影响创业项目的增长速度。处于成长期的产业，初创企业的创业项目会有“乘快车”的方便，并有收获。如果是处于起步期或成熟期的产业，或者是国家不支持甚至调整结构的产业，那么初创企业的创业项目处于其中，便会受产业发展滞后或缓慢的影响，使创业项目遇到发展瓶颈。因此，初创企业创业之前，一定要事先研究国家产业政策，尽量在国家重点扶持的产业中选择创业项目，这样不仅可以使创业项目生存下来，还可以获得相应的税收减免等优惠政策，也可以获得很多关键资源，比如资金支持、科研项目支持、基础设施配套支持等。

技术的发展对于初创企业的发展也尤为重要。当创业企业需要的配套技术能够快速完善和成熟时，企业所提供的产品质量或服务质量也会随之持续提高，也更容易升级换代，进一步满足消费者的需求。

2）细分市场。企业在建立初期受资源、实力所限，不可能在本行业的所有领域中进行竞争，而只能针对环境、市场今后的某些变化，从本企业能筹集的经营资源出发，对整个市场进行分层次、细致的划分，在有限范围内达到领先的目标。

企业在起步发展阶段，在战略上，一定要从自身情况出发，注重市场的深化细分，明确目标消费者。只有这样，才可能具有高度竞争优势，并获得成功。营销大师科特勒曾说：“现代战略营销的中心，可定义为S T P市场营销——就是市场细分（Segmentation）、目标市场（Targeting）和市场定位（Positioning）。”市场细分是企业战略营销的起点，是对拟进入或希望通过评估来决策是否进入的单一体市场，从消费者或客户的需求为出发点，对影响购买决策的外在行为和内在考虑因素进行一系列的市场调研和论证，运用数理统计、实验等方法将单一的市场按照不同的标准和特性划分成多个具有某一种或几种相似特质的子市场。企业则根据自身的资源和外部竞争情况从中选择自己具有比较优势或认为更具有投资价值的子市场作为企业的目标市场。企业的一切营销战略，都必须从市场细分出发。没有市场细分，企业在经营时就如同“瞎子摸象，大海捞针”，根本无法锁定自己的目标市场，企业也就无法在市场竞争中找到自己的定位。只有进行市场细分，才有营销战略的差异化。因此，市场细分是企业战略营销的重要组成部分和平台。

3. 制定企业发展战略

企业发展必须要有目标和战略重点，初创企业的现实战略是生存至上。如何以合适的价格将适合的产品送到目标客户手中是此时企业战略要考虑的中心议题。该时期，企业有限的资源都要围绕这个目标来配置，配置的效率和效果决定企业未来的“生存质量”。所以企业必须结合自身的特点，制定出切实可行的市场经营战略。

1）快速取胜战略。初创企业多为小企业，小企业势单力薄，竞争能力弱，不能和大企业进行正面抗衡，否则无异于“鸡蛋碰石头”。因此小企业在势力壮大之前最好避实就虚。首先找到那些大企业没有发现，或大企业不想干，但并非没有前途和利润的细分市场作为自己的目标市场。这样，就可以避开大企业的巨大威胁，也等于增强了自己的实力。这是根据小企业灵活、适应性较强的特点而制定的一种战略。小企业应根据“人无我有，人有我快”的原则，通过寻找市场的各种空隙，凭借自身快速灵活的优势，一举进入空白市场，进则扩大空隙，向专业化方向发展，退则迅速撤离，寻找新的空白。待时机成熟之后，再和大型企业一争高低。

2）特色取胜战略。每个小企业都有自己的特殊性，都有自己的比较优势。小企业只要能创造性地发挥自己的比较优势，便能形成自己特有的竞争能力。小企业规模小，一般不能达到规模经济的要求而保持成本水平的领先地位来取得竞争中的主动地位。但可以集中优势，通过选择能够有效发挥企业长处的细分市场进行专业化经营，把有效的资源集中在目标市场上，形成企业特色产品，提高市场占有率。小企业经营的范围窄，比较容易接近顾客，能通过使企业的产品或服务具有与众不同的特点来吸引消费者，使自己处于有利的竞争地位。这就是小企业的特色经营战略。小企业的发展应当遵循社会生产组织分工规律，扬长避短，结合自身的竞争优势，采取循序渐进的竞争策略，加快调整和优化产品结构，进行合理的市场定位，改变“小而全”的企业组织结构，实施特色产品经营战略，提高产品专业化水平，努力向“小而专、小而精、小而优”的方向发展，走“专、精、特”的道路，使企业拥有其他企业不具备的技术、人才和组织资源优势，生产出具有不可完全替代和模仿的产品，形成自己的竞争优势。例如，浙商中的温州企业、义乌企业，就是采取了特色战略，将市场定位于个性化、独特性的产品领域，生产和经营差别化的产品，并采用特色营销手段来提高其市场竞争力并获得成功的。

3）协作配套战略。小企业要善于借助大企业的优势来发展自己，许多大型企业有着产品品牌优势和市场地位优势。它们是市场上的明珠，是宠儿，但这些企业并不是万能的，它们的发展需要很多的配套工程。如非核心的相关零部件，某些服务等都需外包。小企业在势力比较弱小时可以首先充当它们的配角，与大企业、大集团建立稳定的协作配套关系，形成与大企业、大集团分工协作、专业互补的关联产业群体，提高生产的专业化与社会化水平，构建与大企业的良好协作关系，凭借大企业的优势为自己在市场竞争中谋求一席之地。例如共享单车采取委托加工方式，拉动了濒临危机的自行车产业。

4）成本领先战略。成本领先战略分两个层次，一是低价低值战略，这看似没有吸引力，但很多公司按此经营都获得了成功。这时企业应关注对价值非常敏感的细分市场，面对收入水平低下的消费群体，低价低值是一种很有生命力的战略，是一种成本领先的战略。二是低价战略。这是企业寻求成本领先战略时常用的典型途径，在降价的同时保持产品或服务的质量不变。我们来看一下成功的典范——格兰仕。格兰仕的发展轨迹：从价格优势——技术优势——规模优势三部曲把比较优势发挥得淋漓尽致。1999 年格兰仕提出“九九归一”的战略口号，要争取在 1999 年一年全面整合微波炉市场，使格兰仕产品成为微波炉界的王牌产品。当时有人怀疑，有人反对，但是格兰仕利用成本领先战略，以市场上的低价位战略把国外对手挤出市场，实现了这一战略目标。

#### 4. 整合资源的重要性

企业发展需要依靠资源的支持，初创企业的人、财、物等资源相对匮乏，注重借助别人的力量，整合资源，从而发展壮大自己。这也是初创企业得以快速发展十分行之有效的方法。

资源的整合来源可以分为内部和外部。对于初创企业来说，单纯依靠内部资源积累来发展是有限的，会影响企业发展速度。充分利用外部资源，则可以使企业将内部资源进行很好的整合和匹配，能够为企业快速发展筹集到相应资源，保障企业的增长速度和竞争优势。

可以说，只要对初创企业发展有利的、对企业生产有促进作用的一切有形和无形的资源都可以算是企业资源。需要创业者们树立商战资源观念，学会在商战中整合资源，优化资源。牛顿曾经说过：“我之所以成功，是因为我站在巨人们的肩膀上的缘故”。因此，资源整合，是企业战略调整的重要手段，整合就是要使资源配置最优化，达到事半功倍的效果。

## （四）格物致知

### 耿同学教育咨询公司的发展之路

耿同学，在旅游项目创业后，沉寂了一段时间，然后再次进行了创业。“创业就是一个不断折腾的过程。”他结合学生专业考证需求及学生学历提升需求创立了教育培训机构，通过对接行业领先的教育培训机构，将他们优质的培训资源嫁接在团队强大的市场开拓及运营能力之上，为学生提供高质量的建筑类职业证书考前培训和全日制专升本考前培训服务，经过一年多的努力，他的培训业务做得风生水起，这也为他后来做“领路职教”APP项目打下了扎实的基础。

正是有了这样的创业经历，经过不断的坚持与磨炼，让耿同学对创业资源整合的理解更加深刻。2014年，耿同学参加了浙江电视台经视栏目组举办的《浙商好徒弟》节目，经过多轮角逐，最后被新光集团董事长收为关门弟子。之后的日子里，结识了多位风云浙商、业内大佬，在与他们不断交流学习的过程中，他对企业人才梯级建设，管理人才培养，学校教育与企业用人需求匹配上有了自己的见解，2016年末，耿同学成立了一家教育咨询有限公司，专注于大学生职业能力的培养及学历的提升，通过整合优质的职业教育培训机构及企业的用人需求，对在校大学生做专业的职业技能培训，在这些大学生毕业当年为其做最优的职业匹配，公司在成立之初就获得了百万元的天使投资，经过不到一年的发展，公司与多家知名教研机构，百余家就业单位达成战略合作，年招生量逾2000余人。

**思考：**1. 初创企业在发展过程要注重什么？

2. 一家教育培训机构在成长和发展中要注重什么？

04 CHAPTER FOUR

# 第四章 就业创业类赛事和商业游戏沙盘

## 第一节 就业创业类赛事

**“祖国的青年一代有理想、有追求、有担当，实现中华民族伟大复兴就有源源不断的青春力量。”**

——习近平给第三届中国“互联网+”大学生创新创业大赛“青年红色筑梦之旅”的大学生的回信

### 一、中国国际大学生创新大赛

中国国际大学生创新大赛是我国深化创新创业教育改革的重要载体和关键平台，已成长为覆盖全国所有高校、面向全体大学生、影响最大的高校双创盛会。该赛事由教育部等 12 个单位联合主办，设立高教主赛道、青年红色筑梦之旅赛道、职教赛道、产业命题赛道和萌芽赛道等参赛组别。参赛项目包含新工科、新医科、新农科、新文科等领域，培育新产品、新服务、新业态、新模式，促进制造业、农业、卫生、能源、环保、战略性新兴产业等产业转型升级，促进数字技术与教育、医疗、交通、金融、消费生活、文化传播等深度融合。

大赛设有官网：“全国大学生创业服务网”（https://cy.ncss.cn/）。

### 二、“挑战杯”全国大学生课外学术科技作品竞赛

挑战杯是“挑战杯”全国大学生课外学术科技作品竞赛的简称，是由共青团中央、中国科学技术协会、教育部、中国社会科学院和中华全国学生联合会共同主办的全国性大学生课外学术实践竞赛。“挑战杯”竞赛在中国共有两个并列项目，一个是“挑战杯”全国大学生课外学术科技作品竞赛（简称“大

挑”），另一个则是“挑战杯”中国大学生创业计划竞赛（简称“小挑”）。这两个项目的全国竞赛交叉轮流开展，每个项目每两年举办一届。“大挑”一般奇数年份举行，“小挑”一般偶数年份举行。

大赛形成国家、省、高校三级赛制，分预赛、复赛、决赛三个赛段进行。

竞赛官方网站为 www.tiaozhanbei.net，见图 4–1。

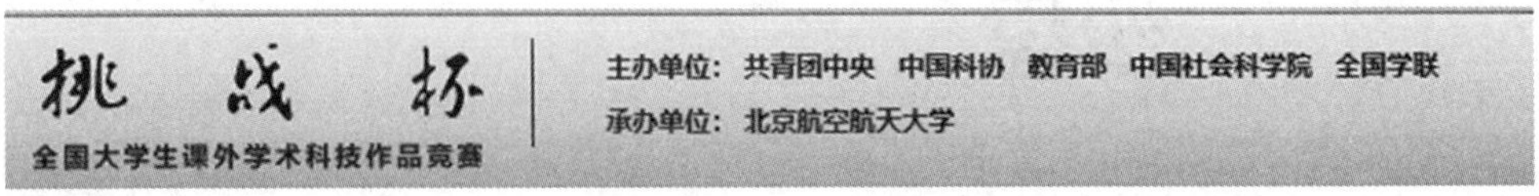


图 4–1 挑战杯官网

## 三、全国大学生职业规划大赛

全国大学生职业规划大赛是为贯彻落实党中央、国务院关于高校毕业生就业工作的决策部署，促进高校毕业生高质量充分就业的平台。该赛事由教育部主办，设立成长赛道、就业赛道、大学生职业发展与就业指导课程教学赛道三个赛道。

其中，成长赛道面向中低年级学生，考察其职业发展规划的科学性和围绕实现职业目标的成长过程，通过学习实践持续提升职业目标达成度，增强综合素质和能力。就业赛道面向高年级学生，考察其求职实战能力，个人发展路径与经济社会发展需要的适应度，就业能力与职业目标和岗位要求的契合度。大学生职业发展与就业指导课程教学赛道，面向高校就业指导教师，考察课程实施效果和教师教学水平。

大赛设立组织委员会，设立专家委员会，负责评审等工作。大赛采用校赛、省赛、全国总决赛三级赛制。全国总决赛参赛学生选手约 600 人，其中成长赛道约 300 人，就业赛道约 300 人。各赛道每所高校入围选手不超过 2 人。大赛组委会将综合考虑各地参赛人数、就业指导和招聘活动情况、用人单位参与数量等因素向各地分配全国总决赛参赛名额。该赛事每年 9 月启动，9~12 月各高校初赛、省市复赛，次年 3~4 月举行全国总决赛。

## 四、浙江省大学生创新创业竞赛

浙江省大学生创新创业竞赛由浙江省教育厅、团省委、省体育局、省学联主办，列入浙江省教育厅“浙江省大学生科技竞赛”计划。该竞赛由四项分赛事组成，分别为：①浙江省大学生职业规划大赛；②浙江省“挑战杯”大学生创业计划竞赛；③浙江省国际大学生创新大赛；④浙江省大学生体育产业创新创业大赛。

### （一）浙江省大学生职业规划大赛

大赛对接全国大赛。大赛落实立德树人根本任务，强化就业育人实效，以更好实现以赛促学，引导大学生树立正确的成才观、就业观和择业观，科学合理规划学业与职业发展，提升就业竞争力；以赛促教，推动全省高校提高大学生职业生涯教育水平，做实做细毕业生就业指导服务。大赛设成长赛道和就业赛道两个赛道。大赛主要采用校级初赛、省级复赛、省级总决赛三级赛制。该赛事每年 9 月启动，9~12 月各高校初赛，11 月举行省级复赛，12 月举行省级决赛。

### （二）浙江省大学生体育产业创新创业大赛

该赛事由浙江省体育局、团省委、浙江省教育厅主办，包含创新设计类和创业实践类两大类别，旨在培养学生在体育产业领域的创新精神、创业意识和创新创业能力，主要侧重于提升大学生对体育产业领域中新赛事新载体、新产品新技术以及休闲服务业等方面的创新创业能力。

大赛分为初赛、复赛、决赛三个环节，并设分赛区。该赛事每年 9 月启动，10 月省级复赛，11~12 月举行省级总决赛。

# 第二节 商业游戏沙盘

要为各类人才搭建干事创业的平台，构建充分体现知识、技术等创新要素价值的收益分配机制，让事业激励人才，让人才成就事业。

——习近平在中央人才工作会议上的讲话

## 一、沙漠淘金

### 1. 游戏介绍

该游戏沙盘主要是学员分组组成探险队之后，每队都会得到相同的预备金，用于购买水、食物、指南针、帐篷等物资组成沙漠驼队，然后从大本营出发，深入沙漠深处挖掘黄金。途中需要穿越沙漠、村落、水源地或火山，同时面临晴天、高温、沙尘暴等复杂天气的考验，有的驼队能够胜利归来，有的可能魂归沙漠，一切都在于团队的选择……

### 2. 游戏时间

建议 1~2 课时，可根据具体教学情况安排。

### 3. 游戏目的

《沙漠淘金》是对团队运作时可能出现的人员合作、沟通、竞争、压力及冲突进行深度挖掘、分析和找到解决方法的专业沙盘游戏。透过游戏的体验引导，发掘出团队做好目标设定及目标管理的重要性，还能发现资源的不当使用对团队或公司的影响及破坏，对于公司主管还可以训练领导能力，更重要的是能够协助公司在管理、销售、沟通等方面，运用团体游戏的方式，在不知不觉中使问题显现，发掘出问题的根本实质，让学员亲身体会公司的问题所在，并找到立竿见影的解决方法。

### 4. 游戏内容

如图 4–2、图 4–3 所示，几支探险队去沙漠寻金，从大本营出发，通过第一模块的预备金积分赛，每支队伍带上自己小组所获得的预备金，这些现金可以在大本营购得平价的帐篷、指南针、水、食物（见表 4–1），另外配有一头骆驼，它每天的负重是 1000 斤。整个探险之旅行程 15 天，一只帐篷在整个行程中可用三次，一只指南针只可用一次（见表 4-2）。在前行的路上，有水源地，探险队可汲取尽可能多的水（在骆驼负重许可每天 1000 斤的情况下）；在村落，探险队无法买到帐篷、指南针，但可以买到水和食物，其价格是大本营的一倍。在沙漠里，会遇到四种天气，晴天、高温、沙尘暴、沙尘暴加高温（见图 4-4），每种天气情况下所需食物和水各不相同。

图 4-2　游戏场景的设立

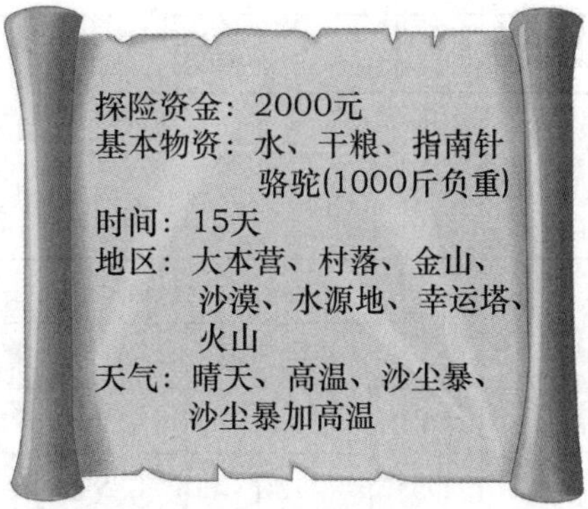


图 4-3　游戏材料

图 4-4　游戏场景使用

表 4-1　游戏物资价格情况

| 内容 | 价格 | | 重量 |
|---|---|---|---|
| | 大本营 | 村落 | |
| 水 | ¥20 | ¥25 | 50 斤 / 份 |
| 食物 | ¥10 | ¥20 | 10 斤 / 份 |
| 帐篷 | ¥350 | 无 | 60 斤 / 份 |
| 指南针 | ¥150 | 无 | 10 斤 / 份 |

注：帐篷可使用三次，每使用一次减少 20 斤。

表 4-2　游戏道具使用说明

| | 晴天 | 沙尘暴 | | 高温 | 高温 + 沙尘暴 | | 迷路状态 |
|---|---|---|---|---|---|---|---|
| | | 使用帐篷 | 不使用帐篷 | | 使用帐篷 | 不使用帐篷 | |
| 水 | 1 份 | 1 份 | 2 份 | 3 份 | 4 份 | 5 份 | 当天消耗量的两倍 |
| 干粮 | 1 份 | 1 份 | 5 份 | 1 份 | 2 份 | 6 份 | |
| 帐篷 | 可以防止迷路，保护食物，一顶帐篷可使用三次（不能抵挡高温） | | | | | | |
| 指南针 | 可以防止迷路，一个指南针可使用一次（不能抵挡高温） | | | | | | |

注：迷路状态是指沙尘暴状态下没有（使用）帐篷或者指南针。迷路会原地停止 1 天。

在大本营可能还有个神秘老人的设置，可以向神秘老人提问，问题内容可以是与天气、火山、幸运塔有关的信息。提问的代价是在大本营停留一天，在这一天里也要消耗食物和水。不过可能神秘老人的信息会对旅程产生巨大的影响。

5. 游戏说明

大本营：出发地点。可以购买所需的物资，15 天内必须回到大本营。

村落：可以购买物资（水、干粮），可能会遭遇各种恶劣天气。

金山：挖矿的地方，仍然会遭遇各种恶劣天气。

沙漠：不能购买物资，可能会遭遇各种恶劣天气。

水源地：提供免费的水。

幸运塔：停留一天，抽取运气卡。

火山：随时会喷发，遭遇了就停留一天。

6. 游戏目的

1）理解企业战略目标与市场变化之间的关系。

2）学习团队协作、群体决策的方法。

3）了解资源整合的重要性。

7. 游戏讨论

1）各团队总结游戏过程。

2）团队负责人对游戏进行总结。

3）讨论：假如再来一次，会怎么计划安排 15 天的行程。

## 二、帽子游戏

1. 游戏介绍

该游戏沙盘是每个团队在制作帽子、销售帽子的过程中，面对各种情况做出经营决策并面对这些决策带来的结果。游戏是在模拟一个真实的企业经营环境。

2. 游戏时间

建议 2 课时，可根据具体教学情况安排。

3. 游戏目的

通过制造商、销售员、谈判员等角色扮演，经历原材料购买帽子制作、帽子质检、银行贷款、财务预算、资金分配、商业洽谈等环节，让团队成员模拟经营企业，体验企业实际运营过程中可能碰到的各种状况，以及面对不断变化的市场环境，创业者应该具备的特征。

4. 游戏内容

将团队分成甲、乙、丙三组，每组都是制造商团队生产帽子。制造商团队可到王武批发店购买原材料，用来制作标准帽子，通过向张山收购店销售帽子获得利润，张山收购店再向市场销售获得盈利。市场环境设有银行、超市等场所。制造商根据市场周期（见图 4–5）、拥有资金、预测需求（见图 4–6）等，进行制造、出售、消费等预算，并编制企业计划表。通过几周的运营，团队会出现资金断裂、货源不足、企业亏损等状况，最终看哪组存活时间最久。

5. 游戏目的

1）理解供给与需求之间的关系。

2）了解企业经营状况的影响因素。

3）研究和了解市场的重要性。

6. 游戏讨论

1）各团队销售人员、谈判人员谈游戏过程。

2）团队负责人分享游戏过程中的优点和缺点。

3）讨论：假如再来一次，怎么安排生产、销售环节。

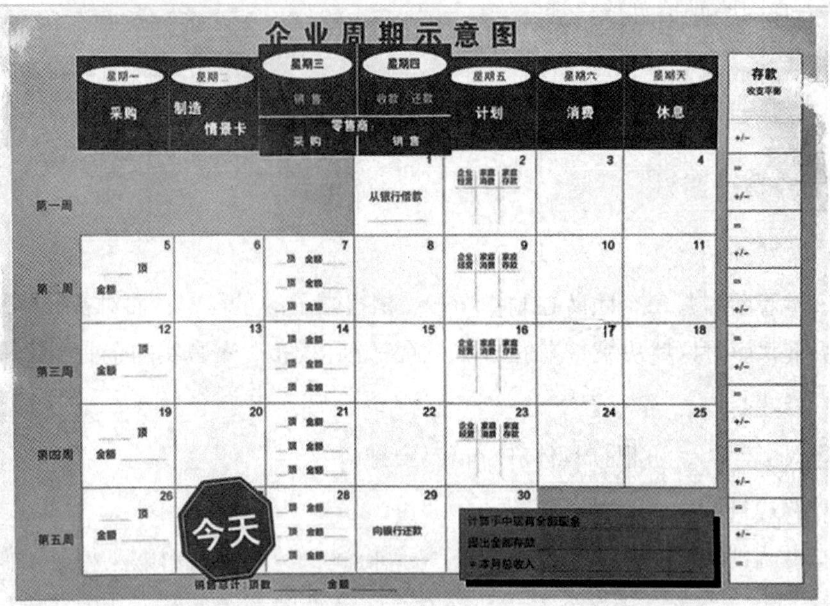


图 4-5　游戏场景

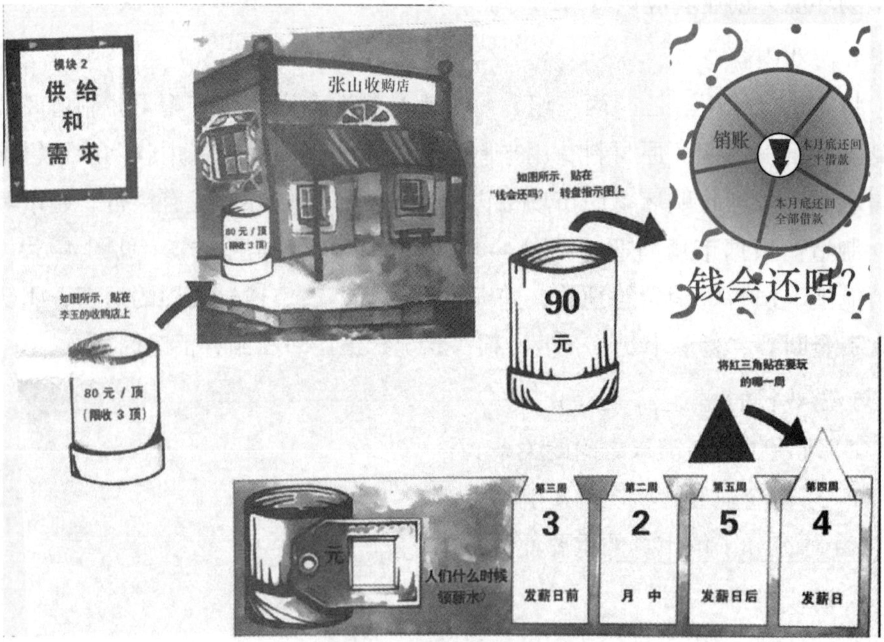


图 4-6　游戏场景

# 参考文献


［1］成文，王迎军，高嘉勇，等．商业模式理论演化述评［J］．管理学报，2014，11（3）：7.

［2］赵君，李正旺．大学生创业思维塑造探究［J］．智库时代，2019（49）：2.

［3］宋逸群，王玉海．共享经济的缘起、界定与影响［J］．教学与研究，2016（9）：29-36.